マッキンゼー式 人を動かす話し方

麦肯锡
商务沟通技巧

Yuji Akaba
[日] 赤羽雄二 著　董真真 译

COMMUNICATION FOR ACTION

SJ 北京时代华文书局

图书在版编目（CIP）数据

麦肯锡商务沟通技巧 /（日）赤羽雄二著；董真真译. -- 北京：北京时代华文书局，2025.9.
ISBN 978-7-5699-6215-4

Ⅰ. F715.4

中国国家版本馆 CIP 数据核字第 2025VY3180 号

McKinseyshiki Hito wo Ugokasu Hanashikata
by Yuji Akaba
Copyright © 2021 Yuji Akaba
Simplified Chinese translation copyright ©2025 by Beijing Times-Chinese Publishing House Co., Ltd.
All rights reserved.

Original Japanese language edition published by CrossMedia Publishing Inc.
Simplified Chinese translation rights arranged with CrossMedia Publishing Inc.
through Hanhe International(HK) Co., Ltd.

北京市版权局著作权合同登记号 图字：01-2025-0068

MAIKENXI SHANGWU GOUTONG JIQIAO

出 版 人：	陈　涛
策划编辑：	周　磊
责任编辑：	周　磊
责任校对：	李一之
装帧设计：	程　慧　迟　稳
责任印制：	刘　银

出版发行：北京时代华文书局 http://www.bjsdsj.com.cn
　　　　　北京市东城区安定门外大街 138 号皇城国际大厦 A 座 8 层
　　　　　邮编：100011　电话：010-64263661　64261528

印　　刷：	河北京平诚乾印刷有限公司			
开　　本：	880 mm×1230 mm　1/32		成品尺寸：	145 mm×210 mm
印　　张：	7.25		字　　数：	159 千字
版　　次：	2025 年 9 月第 1 版		印　　次：	2025 年 9 月第 1 次印刷
定　　价：	45.00 元			

版权所有，侵权必究
本书如有印刷、装订等质量问题，本社负责调换，电话：010-64267955。

前 言

事情进展不顺利是因为
你没有找到正确的沟通方式

各位读者，你是不是也有类似的经历呢？

· 沟通对象突然感到不悦，认为你"恶语伤人"。

· 当因为疲倦而影响心情时，你变得缺乏耐心，以简单粗暴的方式谈话和待人接物，这导致你和沟通对象的关系恶化。

· 你认为对方肯定会支持你，但你的要求被冷淡地拒绝了。

· 对方嘴上承诺"一定解决问题"，但完全没有付诸行动。

你可能会将产生这些问题的原因归咎于沟通的时机不对，或认为错在对方。但是在许多时候，**你在谈话和待人接物的方式上存在的问题远比对方存在的问题要严重得多。**

有时候，我们会为了避免失礼而谨小慎微地和对方交流，结果却惹得一身麻烦，令对方感到不愉快，这真是得不偿失。我们身上的压力有很多都是沟通方式不正确造成的，由此产生的问题会给我们的工作和生活带来严重影响。

在这种状态下，无论我们做什么工作都难以取得进展、做什么事情都将事倍功半。

在现实生活中,许多人会抱怨自己明明已经想尽办法试图改变这种错误的沟通方式,却往往徒劳无功,无法取得任何成效。**于是,有人觉得改变沟通方式需要付出令人难以想象的艰辛努力。**虽然大家都知道沟通方式非常重要,但是一旦我们忙于工作或者心情烦躁,就会在不知不觉间忘了应该怎样做。这样一来,我们很可能会在最重要的时刻出现意识混乱等问题,导致功亏一篑,陷入失败的深渊。当我们回过神来的时候,为时已晚,再做什么都无济于事,只能空留遗憾。这还不是最严重的情况,在大多数时候,我们可能直到最后都没有意识到自己犯了错误。

别看我说起来头头是道,真到了与别人沟通的时候,我也会小心谨慎,时刻注意自己是否令对方感到不愉快。如果在应对过程中稍微出现一点儿问题,我就会敏感地意识到"这么说话有些尴尬""这种表达方式好像不太好"。在确认没有造成不良后果后,我才会安下心来,进入放松的状态。然而,即便如此,我还是会深刻反思"刚才是不是说了什么不该说的话""自己说话的语气是不是太生硬了""以后还是不要用那种方式和对方交流了"等。

一般而言,我们想要改进沟通方式似乎是非常困难的。但实际上,**如果我们能够从不同的角度来思考问题,只要稍微花费一些心思和精力,就可以取得立竿见影的效果。**沟通前后的细节与沟通方式同样非常重要,比如我们要重视在沟通前应该做哪些准备、在沟通过程中应该如何与对方接触、在沟通结束之后应该如何跟进等。

为了打动人心,我们必须换位思考,与对方深入交流,激发合作共鸣。 在缺乏共鸣的状态下,即使我们想强行推动工作进展,也难以取得预期效果,甚至会适得其反,影响大局。

不擅长推动工作进展的人
在沟通方式上有什么共性问题？

有时候，我们明明没有任何含沙射影的意思，但是对方总觉得我们"太不会说话了"。无论是在工作中还是在生活中，遇到这种情况都是令人感到非常遗憾的。自己明明没有恶意，却打动不了对方，导致事情陷入僵局，迟迟无法取得进展，饱受这类问题困扰的人身上往往存在一些共性问题。

第一类共性问题是在表达时缺乏诚意。如果我们在谈话时没有足够的诚意，就会令对方产生抗拒心理，不管我们使用什么词语或者精心设计什么姿势来表达我们的意思，都无法打动对方。这样做会令我们陷入过分注重沟通技巧的陷阱，从而让别人感觉我们虚伪。这就是沟通技巧无法发挥应有作用，甚至产生负面影响的真正原因。

有些人可能会觉得在现实生活中，想向对方表达自己的想法，却被误会"缺乏诚意"之类的事情是不会发生的。但实际情况并非如此。在实际工作中，我们经常汇报工作进展、计划方案和业务情况，有时还要研究向第三方进行说明的方法。当对方突然向我们提出问题时，我们很可能会心不在焉或敷衍应付地回答对方，但觉得"自己真希望认真地对待对方"。这种情况并不少见。

第二类共性问题是丝毫不关心对方的立场和状况。有些人口口声声地说自己非常关心对方，但实际上毫不关心对方，也不愿意了解对方所处的状况。这种人就会给别人留下总是自说自话的印象。

这会让对方感觉自己被轻视了，给对方留下负面印象。更为严重的是，这种人往往意识不到自己的态度存在问题，因为其他人发现这个问题后不会直接提醒他，而他也很难意识到自己存在问题。

第三类共性问题是有些人考虑到了对方的情况，也想认真地和对方沟通，但是由于其他原因导致自己情绪焦躁或者忙于工作抽不开身，根本没有精力顾及对方的感受。在这种状态下，即使他主动与对方沟通也无法打动对方。

精力不集中会造成我们的谈话思路不清晰、内容不聚焦，从而令对方觉得我们心不在焉，根本没将对方放在心上。即使对方是我们的朋友，在遇到这种情况时，对方也会对沟通内容失去兴趣，觉得备受煎熬，彻底丧失合作的意愿。

第四个共性问题是沟通的内容和态度没有问题，但有些人说话声音太小令人觉得无精打采，或者不注重仪表仪容令对方感到不悦，因此难以打动对方。这些问题会严重影响个人魅力，由此带来的影响是非常令人惋惜的。将这个问题看成是"自己的自由"或者"自己想怎么办就怎么办"并不是解决问题的正确态度，也不是一个理想的选择。

通过改进和优化沟通方式，彻底改变人生轨迹

对于意识到这四个共性问题的人而言，如果重新审视沟通方式和工作推进方式并加以改进，**就会发现"自己想要做的事情"一个接一个全都可以变成现实。**正确的态度应该是不将失败的原因归咎于他人，不苛求自己委曲求全，而是针对每个具体问题寻找最为适合的解决方法。这样既可以避免浪费精力，又可以避免事后追悔莫及，有利于取得成果，从而彻底改变人生轨迹。

在现实生活中，肯定有很多人会觉得"自己的人生并不如意，看不到前途和希望"，甚至想到要放弃所有努力选择"躺平"。也可以说，这种想法大多来自自己的执念，也就是"自己坚持这么认为""自己决定这么做""自己认为可能会这样"。我们之所以这样，只是因为我们在主观上认定无论自己怎么努力都无法成功而已。

如果能改变沟通方式，我们眼前就会变得豁然开朗。即使与难缠的人打交道，我们可能也不会感到痛苦。对于那些沟通过程很愉快，但难以将沟通成果落地的人来说，他们的烦恼也能烟消云散，得到彻底解决。

"即使一度陷入困境也没关系,只要下次能成功就行",如果我们能以这种积极乐观的姿态来面对问题,早晚都会迎来转机,开始取得成果,并迎来一帆风顺的局面。此外,我们还能避免与对方争吵,不给对方留下负面印象,也不必委曲求全、苛责自己,完全可以形成对彼此都有利的共赢局面。从本意来讲,无论是谁都不想与他人发生争执,不愿意对任何事都提出反对意见。

如果知道保持心念合一就可以推动工作取得进展,那么任何人都不会对此视而不见。只不过,有些人之前并不知道这个至关重要的秘诀,导致自己陷入了无效斗争的旋涡。当遇到本应进展顺利却迟迟打不开局面的情况时,我们只要稍微调整方向,问题一般都可以迎刃而解。如果我们连稍微调整方向都做不到的话,那么就会面临举步维艰的局面。

所有不顺利的局面都会成为过去。我相信今后大家一定可以开辟出富有建设性的道路,推动工作顺利开展。

在本书中,我将充分发挥在麦肯锡咨询公司(以下简称"麦肯锡")工作和为多家企业提供咨询时积累的经验,以"准备、引导、跟进"为主线,与广大读者朋友分享自己多年以来积累的沟通技巧。

我将在第1章向大家介绍普遍适用的沟通技巧的基本原则。

如果我们能掌握这些沟通技巧的基本原则,那就可以轻松应对沟通,并充分享受沟通带来的快乐。如果我们的沟通对象也能感受到这种快乐,那么无论是我们的工作还是我们的生活都将变得更加轻松愉快。这样一来,我们必将开辟一个全新的天地。

目录

第 1 章
能够快速打动人心的沟通技巧是什么？

人在什么情况下会被打动？…3

沟通方式要打动人心…5

为了获得信任，我们应该先从倾听做起…10

倾听别人说话是有利无害的…14

想要做到会说话，关键是静静倾听…19

能够顺利推动工作进展的人往往都拥有良好的大局观…23

好的沟通流程看似即兴发挥，实则需要事先精心准备，谨慎细致…25

真正打动人心的沟通方式的三个诀窍…27

【第一个诀窍】沟通之前做好"准备"…29

【第二个诀窍】沟通过程中进行"引导"…31

【第三个诀窍】沟通之后持续"跟进"…35

第2章
准备：在正式开始沟通之前，胜负已决

在开始沟通前，应该做的"准备"是指什么？…43

平时提前准备，尽可能列举工作成果，回应期待…46

与上司保持沟通，并提前汇报工作进展…54

除了上司以外，我们还应与之构建良好关系的对象…58

注意维系与同事、同学和朋友等人的关系…62

维护与目前没有特别诉求但在未来某个时候可能会帮到我们的人的关系…63

在尽可能的范围内，用心与所有人保持良好的沟通…64

提前发现双方可以达成一致的妥协点…66

不太擅长经营各种关系的我的做法…70

提前准备一些有效资料…74

如果心有余裕，事情就会进展顺利…77

仅用时15分钟，角色扮演可以带来焕然一新的变化…85

【专栏】服装和发型…88

第3章
引导：牵引对方按照我们的想法行动

常规的工作推进方法与"引导"的方法之间有什么区别？…93

在最初阶段，从对方想听的事情开始切入…96

应该如何引导对话？…101

应该如何表达自己的主张和想法？…105

切忌不懂装懂…109

针对提问应该迅速思考、立即应答…112

重复对方说过的话…116

切忌驳倒对方…118

要换位思考激发共鸣，而不是尝试驳倒对方…120

走进对方的内心…123

尽量摒弃以自我为中心的思维方式…125

不要执着于说服对方，而要争取对方的理解…131

在交流的同时结交朋友…136

用不上精心准备的资料也是一种幸福…141

学会真正驾驭白板…143

有哪些使用白板的诀窍？…146

灵活运用白板的训练…154

如何在线上会议中进行引导？…157

第4章
跟进：运用所有能用到的方式及时落实沟通成果

因为没有跟进而功亏一篑…165

能否实现目标的关键在于自身…169

充分了解利害关系，全力打动对方…171

需要做好主动与对方交好的准备…173

要坚持高标准，甚至令人怀疑："真的有必要做到那种程度吗？"…174

不要觉得丢面子，应该积极努力…175

持续跟进，营造出对方不得不动起来的氛围…177

第 5 章
因为有自己的思想，所以才能激发共鸣

在沟通时，要拥有独立的思想…183

通过读书提升认知的现实路径…186

从平时开始做起，注重积累信息…193

保持好奇心…201

后 记

推动工作顺利向前发展的三大步骤："准备""引导""跟进"…205

附录 1 克服烦闷情绪，客观正视自己的"零秒思考"A4 纸笔记法…209

附录 2 理解对方的状况和心情，通过积极倾听获得对方的信任…211

第 1 章

能够快速打动人心的沟通技巧是什么？

人在什么情况下会被打动?

虽说我们设定的目标是"快速打动对方",但是要做到这一点绝非易事。这并不是乱说一气,或者单方面说教就能实现的。**我们真正的出发点应该是向对方传达自己的想法和心情,并激发共鸣。**如果无法激发共鸣,对方就会觉得我们是强人所难,这样绝不会带来好的结果。即使对方勉强做出回应,双方的沟通交流也会陷入困境。我们是无法依靠自己单方面努力就包打天下的。

当然,沟通不是光动嘴说说就行的。在实际工作和生活中,沟通技巧可以分为"能够直接取得成果的沟通技巧"和"无法直接取得成果的沟通技巧"。越是了解这种差异并下功夫解决问题的人,越能创造出卓越的成果。为了推动工作向着自己期望的方向发展并取得成果,我们需要掌握与众不同的沟通技巧和准备方法。

不同的沟通对象都有各自的立场和价值观,也有各自能做到的事情和做不到的事情,只不过这些都不是100%明确的,也不是一成不变的。根据情况不同,这些也会发生变化。此外,由于存在一定的灵活性,因此根据个人的处理方式不同,事情也会向不同的方向发展,从而出现不同的结果。有些原本行不通的事情突然就变得顺利了，有些原本顺利进行的事情突然被否决了。如果光是表达个人单方面的需求，说一些不痛不痒的话，比如"我最近有些麻烦，还得请你帮忙""你这次一定要帮忙才行"是没有任何意义的。话说出口容易，但想要取得效果非常难。我们很可能会遇到对方不理解我们的情况，甚至会损害多年以来精心维系形成的信任关系。严重的话，对方可能会被彻底激怒，从此对我们敬而远之。

我们应该在用心揣摩对方想法和心情的基础上，发起并推进谈话。如果灌输式的谈话没有效果，我们就需要尝试引导对方。

即使我们充满信心，觉得"自己提出的方案充满创意，没有人会不同意这个方案"，也不能武断地认为对方一定会接受我们提出的方案，因为这只是我们个人主观的判断。对于对方而言，我们提出的方案可能是个沉重的负担。

以自我为中心的本位主义会让我们误判沟通和交流的出发点。在沟通时，我们应尽量了解对方的情况，并以此为基础，在沟通技巧上下功夫，确保真正把话说到对方心里。

沟通方式要打动人心

如果想要自己的沟通方式能够打动人心,我们必须具备独立思考的能力和鲜明的主见。在此基础上,我们要清晰明了地将思考的内容表达出来,这一点至关重要。为了实现这个目标,我们需要养成良好的沟通习惯:无论在什么情况下都能列举三条理由;讲话时要声音洪亮、大方从容;发言的结尾要干脆利落、言简意赅。

无论在什么情况下都能列举三条理由

为了"清晰明了地表达观点",最为重要的事情就是清楚地阐述理由。也就是说,在我们阐述理由之后,对方能够迅速接受和理解,觉得"确实如此,是这么回事"。想要做到这一点,我们不能依靠个人喜好或者突发奇想来阐述理由,而要养成善于思考的习惯,提前总结出三条可以令人信服的理由,并明确地阐述出来,这一点至关重要。

当我们提出三条理由后,对方在大多数情况下都会感到信服,觉得"确实如此""可能真是这样"。这是因为他们会认为"既然有这么多可信的理由,这个观点肯定是正确的"。反之,如果我们总结出来的理由只有一条，那么对方就很可能会质疑"真是这么回事吗""可能不是这样"，从而断定我们的思考深度不足，认为我们得出的结论不是认真思考的结果。

在刚加入麦肯锡时，我经常被提醒"无论什么时候，发言时都要列举三条理由"。坦率地说，我刚开始对这种有些形式主义的做法非常反感，不太重视"列举三条理由"的做法。但实际上，我之所以体会不到这样做的真正意义，只是因为我当时还没有理解"列举三条理由"的精髓，提出的理由并不是非常好。之后，随着工作经验不断增加，我终于明白了这种思维方式是普遍适用的，在任何场合都能发挥作用。因为通过阐述三条理由，我们可以深化对方对我们提出的观点的认识，显著增强观点的说服力。

在英语中，有一种说法"I believe there are three reasons. First,…; Second,…; Third,…（我认为有三条理由。第一，……；第二，……；第三，……）"。通过阐述三条理由，我们==不仅可以增强说服力，还能够带动对方深入思考，可谓一举两得==。实际上，当我们无法总结出三条理由时，很可能是由于我们还没有深入思考或者尚未充分研究。

如果我们可以提前做好准备，那么想出三条理由是可以的。但是，如果我们在会议上突然面对需要发言的情况，或者在谈话过程中突然被打断时，那么想出三条理由就需要一定的功力了。

我们先要思考第一条理由，这条理由一般很容易就能想到。

因为如果我们想要做某件事,那么我们肯定是有具体原因的。在想到这条理由后,我们应该立即将它记录下来以备使用。

此后,我们就要开始努力思考第二条理由。在想到第二条理由后,我们要立即将其记录下来,并从第一条理由开始发起谈话。如果不这么做,我们就会丧失发言的机会,或者出现冷场的局面。

在开始谈话后,我们再思考第三条理由也是来得及的。

在麦肯锡,大家在开会时,如果有人提出"有三条理由",大家就会在心中默默地给他计数,看最后是否能列全三条理由。如果某人只讲了两条理由就草草结束,就会被大家诟病。麦肯锡是世界著名的咨询公司,会聚了咨询领域的专家。大家高度关注这些细节,不断切磋,互相学习。

讲话时要声音洪亮、大方从容

我们在讲话时要声音洪亮、大方从容,这一点非常重要。对此,可能有人会有不同意见,觉得"每个人的声音都不一样,应该顺其自然""最重要的是讲话的内容"。然而,事实并非如此。

如果我们站在沟通对象的立场上考虑问题,那么马上就会明白"声音洪亮、大方从容"对于打动人心的重要性了。这是因为信心是需要通过声音来传达的。我也非常重视这一点,在重要的会议上讲话时，我会努力提高声量，声音要比平时洪亮得多。

由于工作原因，我在许多时候需要向客户介绍方案或者参加研讨会发言。然而，在现实生活中，我并不擅长在大庭广众之中侃侃而谈。只不过最近几年，考虑到需要向客户阐明自己的观点，我才特别注意，在需要发声的时候有意识地提高自己的音量，大声发言。

其实，我觉得提高音量固然重要，但是怀着希望向对方传达信息的心情，发出富有表现力的声音才是更为重要的。 因为如此重要，所以我们才发自内心地流露出"希望表达出来"的心情，无论如何都想让对方真正理解自己的意思。

如果说到这种程度，我们仍然觉得自己想要表达的愿望并没有那么强烈，那么我们可以返回原点，试着认真思考自己现在最想做的事情是什么或者用一页A4纸做笔记（参见附录1）。

如果我们有希望表达的意愿，但由于精神紧张，导致声音发不出来或者声音缺乏自信，那将是令人非常遗憾的。如果存在这类情况，我们可以试着调整自己的心态，鼓励自己"想想也没什么大不了的，不管会议的结果如何都死不了人""如果不行的话，就重整旗鼓"。这样一来，我们就可以让自己放松下来，不用过于在意成败，自然就可以放开嗓子大声地说出自己的想法，从而推动工作顺利开展。

发言的结尾要干脆利落、言简意赅

如果我们想让自己说的话能够打动对方，那么我们就要做到：**发言的结尾要干脆利落、言简意赅**，这一点至关重要。发言的结尾干脆利落、言简意赅，就会给人一种张弛有度的感觉，有利于我们给对方留下良好的印象。在现实生活和工作中，有些人会有一种不好的习惯，喜欢用模棱两可的内容作为发言的结尾。这会给人一种拖拖拉拉的感觉，不知道发言的人的结论到底是什么，因此根本无法打动人心。如果有些人存在这个问题，但没有意识到，那就更加令人遗憾了。出现这种情况的原因，可能是有些人考虑到"直截了当地说出自己的观点是不礼貌的表现"或者"害怕做出结论"。但实际上，直截了当地说出自己的观点并不属于失礼的行为。

当然，我们应该避免以高高在上的姿态或用草率的口吻来结束谈话。实际上，避免使用模棱两可的内容作为发言的结尾并不是什么难事，只要我们稍做努力就可以取得显著的效果。这是任何人都可以轻松做到的事情，请大家务必下定决心，大胆尝试。

为了获得信任，我们应该先从倾听做起

在沟通的过程中，我们要避免一味地单向输出，要先倾听对方的烦恼和希望，这一点非常重要。 如果我们只是自顾自地讲个不停，根本不听对方的想法，就会丧失对方的信任，导致对方再也没有倾听我们表述的内容的意愿了。有些人只顾着单向输出，没有与对方深入交流，未能理解对方的想法，因此很容易就会出现讲错话的问题。

比如有些人"对加班本身没有意见，但非常讨厌突然提出加班要求"。如果我们仅凭自己的主观看法就开始和对方讨论减少加班时间的方案，那么就很容易陷入被动的局面。

我们有时也会遇到需要即兴发言的情况。即便如此，我们在最开始时也要认真思考，想办法向对方提问，至少要了解对方的心情和需求，再开始阐述自己的观点。这种方式既能体现出我们的诚意，又能向对方展现我们愿意倾听的姿态（愿意接受对方想法的姿态），有利于让沟通能够顺利进行。人们都喜欢听"自己信任的人"所讲的话，人们往往**"因为信任、尊敬对方，相信对方会为自己考虑，所以才愿意听某个人的话"**。当然，在遇到困难的时候，无论年龄、性别、国籍和职业，人们都想要找个人倾诉交流。这是人类的本能。

第 1 章
能够快速打动人心的沟通技巧是什么？

尽管大家都觉得"因为信任才愿意听对方讲话，才想和对方商量""没人愿意听不信任的人讲的话"，但是在现实工作和生活中，我经常会遇到那些在还没有构建信任关系的情况下，就想对别人单向输出、只顾自说自话的人。

虽然我们都明白，在与对方建立信任关系之前不管说什么话都是徒劳无功的，但还是有人执迷不悟，控制不住自己说话的欲望，总想讲个不停。这就像明明知道大门上着锁，还试图以蛮力破门而入。

如果"大门明明上着锁，还试图以蛮力破门而入"，我们就会丧失对方的信任，甚至会被人当成"反应迟钝的人""穿着脏鞋在别人家地板上乱踩的缺乏教养的人"，从而给对方留下不好的印象。有些人在还没有取得对方信任的时候就造成了沟通方面的问题，并且不打算改变导致自己失去对方信任的错误做法，因为他们根本没有意识到自己的做法存在问题。

如果我们不理解这一点，就会喋喋不休地说个不停，非但不觉得自己有问题，反而会认为"对方思想僵化，太固执了""根本听不懂别人说什么""再说明确一些他就会明白了"。当然，对方肯定也丧失了继续听下去的耐心。在这种情况下，无论我们再说什么都是没有意义的。

说到这里，许多人可能会觉得这和自己没什么关系，自己根本不是那种人。==但实际上，即使平时相对成熟稳重的人，在面对部下时，有时也会犯同样的错误，采用这种喋喋不休说个不停的沟==

通方式。很多上司总想着教育部下、培养部下，因此会在不知不觉间讲个不停。

但是，如果对方不信任我们，这就变成了单向输出。我们所讲的话非但打动不了对方，反而会被认为是骚扰对方，造成消极的影响。越是认真工作的上司，越容易落入这种陷阱之中。因此，我们需要特别注意避免以这种方式与他人沟通。

如果我们已经通过自己的努力带领团队取得了丰硕成果，从而获得了部下的信任，那么想着教育部下、培养部下是没有任何问题的。在还没有达到这种程度或者刚刚履新的情况下，我们最需要做的事情是获得部下的信任，而不是教育部下。

在现实中，许多上司会抱怨"获得部下的信任是非常困难的"。但其实，这种观点是完全错误的。这些上司感觉"获得部下的信任是非常困难的"是因为他们往往想展现上司的威严，于是装腔作势，从而导致失败。如果上司想以这种方式立威，那部下很快就会看透上司的意图。

如果上司能放低姿态，认真倾听部下的心声，即使上司年轻、缺乏经验，也会迅速获得大家的信任，甚至会成为部下交口称赞的对象。部下可能会说"虽然新来的上司还很年轻，但是在为人处世方面非常优秀"等。

说起来真是令人感到遗憾，现在很多上司都听不进部下的话。即使缺乏技巧和经验，只要上司肯倾听部下讲的话，就会获得部下的信任。

只有获得部下的信任，上司才能充分发挥自己应有的作用，更好地履行自己的职责和使命。上司的职责和使命就是为部下指明部门的发展愿景和奋斗目标，提出实现目标的创新举措，并发挥模范带头作用，激发部下的积极性和创造性，最终创造出超乎大多数部下预期的成果。只有在做好这些事情的基础上，上司对部下的培养和教育才是有意义的。

实际上，在教育孩子时，我们也可能会遇到与上司对待部下类似的问题。为了教好孩子，父母总是事无巨细地反复教导。有些家长自己作风散漫，经常耍小脾气，却斥责孩子。当家长用心倾听孩子的声音，充分理解孩子的内心感受后，就可以获得孩子的信任，从而让孩子更加真诚地聆听家长的教诲。

在与人沟通的时候，认真倾听对方说的话非常重要。很多人明白倾听的重要性，却往往在不知不觉间就忘了这一点。有些人平时只考虑自己的事情，比较容易陷入这种状态。对于那些或多或少意识到自己存在以自我为中心问题的人而言，如果下定决心想要改变这种情况，可以将自己需要注意的事项记录在卡片上，然后将卡片放置在自己随时可以看到的位置。这种做法往往能发挥意想不到的作用。

倾听别人说话是有利无害的

有些人总喜欢沉浸在自己的世界里,滔滔不绝地表达自己的意见,根本不在意别人的反应,也不听别人说的话。如果有人认为倾听别人说的话就是失败,那么他就犯了一个严重的错误。如果有人不把对方放在眼里,那就是失礼的表现。之所以会有人认为倾听别人说的话就是失败,是因为他们将沟通视为需要"一决胜负"的辩论。如果一个人沉醉于如何驳斥对方的论点、如何用花言巧语哄骗对方,就容易陷入这个误区。

"表达自己的意见就是胜利""倾听别人说的话就是失败",以这些错误的观念与他人进行沟通是很难取得理想的结果的。**沟通的目的是讲清自己的愿望和想法,获得对方的认同。我们不是要与对方争高下、决胜负,而是要"与对方达成一致,实现双赢"。**

那些特别在意胜负的人最好能认真反思一下自己的思维方式、价值观以及与人交流的方式,想想"为什么沟通的结果会变成这个局面""自己是从什么时候开始变成这样的"。我认为,那些动辄焦虑不安、好胜心过强、习惯于从高高在上的视角俯视他人的人,往往容易出现这种问题。

这些人之所以会这样做,我认为究其原因是他们缺乏自信心，不将自己置于比对方高的位置就始终感觉不放心。这种故作自信的姿态反而是缺乏自信的表现，绝不是真正意义上的"自信"。正因为缺乏自信，这些人才喜欢虚张声势，采取攻击性的姿态，最终以不恰当的方式与他人沟通。

许多缺乏自信的人在看到这些人以后，会产生误解，觉得"那个人真有魅力，充满自信，太令人羡慕了""要是我的话，肯定做不到那样侃侃而谈"。这就不仅仅是以不恰当的方式与他人沟通的问题了，甚至会酿成祸端，带来危害。

如果真的拥有自信，我们就会相信自己的价值和能力，从而信任自己。 因此，我们根本不会以向人示威、高高在上、俯视别人等姿态与他人进行沟通，而是表现得平和、自然。有些人缺乏自信，从而产生误解，容易对自己和他人形成错误的看法。

在这种错误观点的支配下，人们容易对自己看得过轻，产生自卑心理；或者将自己的水平看得过高，盲目相信自己的实力，表现出过激的言行；或者将他人的水平看得过低，视他人为傻瓜；或者对他人装腔作势、颐指气使。如果我们想与他人自然地进行对话，就需要消除误解，加深他人对自己的理解。我们可以试着从多个角度出发，在A4纸上记录"为什么不将自己置于比对方高的位置就始终感觉不放心"的原因。这样一来，我们就能明确自己存在问题的真正原因了。

· 为什么不将自己置于比对方高的位置就始终感觉不放心？

·在自己真正位于比别人高的位置时，自己是什么心情呢？

·在自己无法位于比别人高的位置时，自己会产生什么不安情绪呢？

·自己是什么时候开始有超出正常范围的胜负欲的？

·那个人是从什么时候开始傲慢地俯视其他人的？

·那个人从什么时候开始改变傲慢的态度，不再俯视其他人了？

如果按照这些标题，列举十几二十页A4纸内容，就可以相当客观地了解自己和他人的真正心情了，如图1所示。

此外，目中无人也是一种失礼的表现。有些人似乎毫不在意自己眼前的人，只是滔滔不绝地单方面输出，似乎其他人就像空气一样。为什么会出现这种情况呢？我想可能是因为这些人觉得倾听对方的话根本没有任何价值，甚至对眼前的人存在偏见，完全否定了他人存在的意义。然而，实际上，许多时候真正的情况并非如此。这些人也许并没有什么恶意，甚至是为对方着想才会只顾着表达自己的想法。但是，这种不倾听对方的话语、不了解对方的情绪和近况，光是自顾自地表达的方式是不可取的。

> 20××年×月×日
>
> **为什么不将自己置于比对方高的位置就始终感觉不放心?**
>
> 如果自己不这么做,那么自己可能会遭到别人轻视。
>
> 如果自己的位置比别人低,那么自己可能难以约束对方。
>
> ·当自己的位置比别人高时,自己会有一种大家都听自己的话的感觉。
>
> ·当自己的位置比别人高时,自己会有一种掌控全局的成就感。

图1 A4纸笔记的实例

在这里,我想提醒大家特别注意,不要有认为自己在"纠正对方错误"或者"引导对方避免失败"的想法。这只会令对方感到压力,从而变得更加畏首畏尾。因为这容易令对方觉得"自己真的一无是处""自己又犯错了""自己又惹上司生气了"。一旦对方变得敏感,就会在不知不觉间产生焦躁情绪,变得越来越不安,甚至对我们抱有敌意,这绝对不利于取得理想的沟通效果。

有人可能会觉得自己"明明是出于好意,想要帮助能力一般的部下或刚入职的员工尽快成长,没想到适得其反……"。如果我们真的有这些想法,那就意味着我们可能在一定程度上还欠缺实现某一目标所必须具备的关键因素,也就是对人的同理心。为了保证事情进展顺利,我们需要将心比心,深切感受对方的痛点，并积极换位思考，与对方共情。

我希望大家以更加包容的心态看待别人，抱着即使被欺骗也没什么大不了的心理试着听听对方的话，这其实并不会造成什么损失。 事实上，即使我们什么话也不说，只是静静地倾听对方的发言，整个交流过程也不会冷场，对方反而会非常享受这种感觉，继而保持轻松愉快的心态侃侃而谈。这种沟通交流方式完全不同于以往。可以毫不夸张地说，以这种方式沟通取得的效果与以往相比甚至存在天壤之别。对此，我们可以发现立竿见影的效果，切实感受到此后双方之间的沟通变得更加顺畅了。

想要做到会说话，关键是静静倾听

顺其自然，在沟通时保持放松的姿态

越是对沟通能力缺乏信心的人，越容易在意如何表达自己的观点，会刻意地想要做到"会说话"。所谓"会说话"是指"语气平和地说话""畅所欲言地表达""明确地传达自己的意图""获得对方的支持"等。

如果你真的想要做到"会说话"，那么最好的选择就是"不要刻意说""什么都不在意"。如果过于追求"会说话"，我们就容易变得执拗、怯场、紧张，甚至思维停滞，这是绝对没有任何好处的。**真正重要的事情是发自内心地尊重对方，不轻视对方，以自然、轻松的状态与对方交流。** 如果我们总是摆出一副高高在上、目中无人的姿态，那么对方很快就会察觉。这样一来，他就不会再认真听我们说话，甚至完全没有听下去的欲望。人是很难完全隐藏自己的情绪的。因为人的感觉是非常敏锐的，可以迅速发现不自然的迹象。当我们意识到自己的问题后，即使想要掩饰或挽回也已经来不及了。实际上，对方早已将我们看穿，并产生了防备心理。

此外，如果我们过于严肃，总是板着脸，就会令对方感到紧张，从而产生不必要的误解，对我们产生防备心理。这样也会影响我们的心态和节奏，难以实现自然交流的目标。

我们可以想象一下，在阳光和煦、万里无云的日子里，自己心情愉悦地漫步于森林之中的场景。除了要稍微注意自己脚下的路，时不时眺望远方确认自己所在的位置外，我们在其他时间都可以欢欣雀跃地享受漫步的快乐。

在网球、棒球、高尔夫球等运动项目的比赛中，如果运动员背负心理压力，过于追求击球的效果，往往会适得其反，容易出现由于用力过猛而抡空等问题。

因此，在现实生活中，保持顺其自然的心态，不过分在意自己的表现，不执拗于追求完美的结果，才是最好的选择。 我们需要卸下扛在肩上的沉重负担，以放松的状态进行交流。

为了卸下负担，保持轻松的状态进行交流，我们要注意以下四点：

①放松心情，保持自然的状态；
②充分准备，镇定自若，泰然处之；
③注意对方的反应；
④深呼吸，保持平稳、舒缓的谈话节奏。

值得庆幸的是，我就属于拥有"大心脏"的人，几乎从来都没有感受过压力。在面临困难局面时，我也能保持相对放松的状态进行沟通。当初，我在刚进麦肯锡工作时就是这样，因此我可以算得上是天生的乐天派。之后，我经历了一系列历练，记录了数万张A4纸笔记，每天阅读数十条新闻，与形形色色的人沟通交流，逐渐得到锻炼并不断取得进步，可以游刃有余地应对各种难度较高的情况。

不同的沟通对象有各自的具体情况，沟通取得的效果就会不同。我们有时甚至会面临偏离事先预期的情况。但是，只要我们能调整好心态，不过分追求谈话的结果，果断卸下肩上的压力和心理负担，就能充分发挥自己提前准备的方案的作用，在一定程度上灵活应对各种情况，真正"把话说好"。

切忌"口若悬河""滔滔不绝"

在沟通过程中，我们要心平气和且满怀诚意地表达自己的观点和依据。我们应当充分倾听对方的心声，如果有疑问就直接提出来，充满诚意地回答对方提出的问题。这样一来，一定能够顺畅地进行沟通。

不善言辞的人可能会非常羡慕那些一开口就能滔滔不绝地讲个不停的人。但如果我们采用这种沟通方式就会让沟通对象感觉我们想要压制他，令他觉得虽然难以反驳但是内心很不舒服，甚至会对我们产生负面印象。

在使用英语进行交流的会议中，我们尤其应注意"不要过分追求侃侃而谈"。有时，即使觉得自己还没有说过瘾，我们也要适度控制。如果我们能放慢语速、思路清晰地表达，那么就算需要多花些时间也没关系，因为这样可以吸引大家认真倾听并赞同我们的观点，比如"基于上述原因，我认为应该这样""我希望能够按照这种方式积极推进，主要原因有三点：一是……；二是……；三是……"等。

在任何沟通场景中，我们都要牢记一点：不要口若悬河讲个不停。

能够顺利推动工作进展的人往往都拥有良好的大局观

如果我们希望别人就某件事给予我们支持和理解，或者希望别人为我们做某件事，那么我们需要先说服他，令他产生行动的意愿和想法。

为此，我们必须先了解对方所处的状况、与自己之间的利害关系以及相互之间的制约因素等。

如果我们拥有良好的大局观，就可以从整体的角度出发看待自己现在关心的事情，从而充分了解前提条件、涉及人员以及相互之间的利害关系，进而明确我们应该针对哪些问题、怎样发力，才能取得自己期待的结果。

有时，虽然我们的沟通对象贵为董事长，但实际掌握大权的是作为董事在幕后把控经营方向的前任董事长；有时，人人畏惧、独断专行的霸道总裁也会因为员工纷纷离职而感到心慌意乱、惴惴不安。因此，我们不能被所谓的头衔、职务等表面现象所迷惑，应该树立大局观，从整个组织的视角出发，把握沟通对象的正确定位。

下面，我们结合上文中的实例进行分析。

①董事长和董事之间的人际关系、力量对比；

②其他董事的定位、力量对比；

③前任董事长的意见、看法和影响力；

④对主要业务的贡献率和发展前景；

⑤董事长希望开拓新业务的可能性；

⑥员工对董事长规划的发展"愿景"的认同度。

在通常情况下，我们要充分了解上述六方面的因素，并做出全局性的预判，明确董事长会同意哪些事项、不会同意哪些事项、在什么样的情况下会同意这些事项等。

如果不具备这种大局观，我们就只能看到对方所处立场的一个方面，从而犯下"只见树木，不见森林"的错误。这样一来，我们就无法打开视野，难以想象一些关键问题，比如"应该怎样做才能获得对方的理解和支持""对方同意我们的提案，但真的能落到实处吗""对方是不是本来就有意愿与我们合作呢"，从而选错发力的方向，对大局造成严重影响。

这样要么会导致项目根本无法启动，要么会让项目刚启动就遇到困难，要么项目会遭遇意外而延迟，要么导致团队成员出现问题，从而让项目遭受挫折，陷入难以推进的僵局。

> 好的沟通流程看似即兴发挥，实则需要事先精心准备，谨慎细致

为了推动工作顺利取得进展，我们有时需要"即兴发挥"。如果完全按照事先准备的方案强行推进，那很可能"有百害而无一利"。因此，我们需要观察对方的情绪和态度，采取灵活的态度回应对方。

好的沟通流程看似即兴发挥，实则需要事先精心准备，谨慎细致。 当暂时无法判断会谈的发展方向时，我们可以设想对方会做出的不同反应，提前准备多种应对方案。

比如在上文中提到的董事长的实例中，我们可以假设下述四种情况，研究如何获得对方支持的方案。

①董事长赞成我们的提案，但董事反对；
②董事长赞成我们的提案，但董事有条件赞成；
③董事长对我们的提案持中立态度，但董事有条件赞成；
④董事长反对我们的提案，但董事无条件赞成。

面对上述各种情况，我们应该如何发言？可以让步到什么程度？应该如何给对方施加压力？可以施加压力到什么地步？应该

提出什么替代方案？应该追加什么附加条件？通过深入思考这些问题并提前准备应对方案，我们既能像即兴发挥般灵活应对不同的情况，又能做好充分的准备，还能以谨慎细致的态度推动工作进展。

真正打动人心的沟通方式的三个诀窍

在麦肯锡就职期间，我的主要工作是为客户企业的经营改革提供支持。所谓"经营改革"是指：制定"愿景"和发展战略、改革机构、提高工作效率和培养经营管理人才等。我通常每个月要参加一次客户企业的汇报会，并提出各种建议、方案。在最开始的时候，根本没人听我提出的方案，令我焦躁不安。

于是，我开始反思"为什么这么好的方案别人却不愿意听呢""为什么我无法打动别人呢"，并对单方面提出建议难以得到回应这件事情产生了切肤之痛。

此外，我还经历过这样尴尬的场景：虽然自己的提案考虑了对方的立场，但是在会议现场突然提出来，对方没有任何思想准备，因而拒绝了提案。下面，我将结合自己对失败经历的反思，介绍一下解决这个问题的方法。

那就是，将"打动人心的沟通流程"分解为下述三个阶段：

· 沟通之前做好"准备"；
· 沟通过程中进行"引导"；
· 沟通之后持续"跟进"。

如果能掌握这个方法并正确运用，我们就极有可能取得成功。当然，我们也可能遇到事情的发展情况不如我们设想得那么顺利的情况。但是，这种方法确实能够有效改善沟通效果，提高我们取得成功的概率。因为它可以最大限度地对创造成果的整个流程进行精准管控。

【第一个诀窍】 沟通之前做好"准备"

"打动人心的沟通方式"的第一诀窍是沟通之前做好"准备"。当我们与对方的沟通陷入僵局,我们说出来的话刺痛了对方的内心或令对方感到尴尬、难以接受时,无论我们掌握了多少沟通技巧都为时已晚了。

在开始沟通之前,提前做一些准备是非常必要的。我们要尽可能让自己具备根据日程安排工作的意识。当其他部门突然向我们提出要求在短时间内处理某些事情时,我们可以说明自己已经有了日程安排,并且需要在部门内部进行协调沟通,虽然想在现阶段配合对方,但实在无能为力。由此可见,提前做好准备是非常必要的。

与现场具体如何沟通相比,沟通前的准备、宴请安排、平时构建的关系往往会在很大程度上决定沟通的最终结果。如果我们和对方的关系不好,那么在请求对方帮助的时候往往不会有好的结果,甚至连开口说话的机会都没有。对方可能会觉得我们"平时态度不好,现在需要帮忙又来求人,真是个见风使舵的势利小人"。如果遇到这种情况,我们就相当于在开始比赛之前就已经出局了,也就是所谓"不战而败""被直接判负"。

为了避免出现这种局面，我们需要从平时开始注意用心准备，这一点至关重要。但是，在工作和生活中，我们有时候会遇到突然不得不和别人找些话题聊聊的情况。在这种情况下，我们无法在沟通前做好准备，只能靠平时的修养和见识见机行事了。

【第二个诀窍】
沟通过程中进行"引导"

所谓"引导"是指**"推动对方或对方的团队朝着我们期望的方向行动"**。在开始沟通后,对方可能会表现出各种态度,有时同意我们的观点,有时反对我们的观点,有时因为我们的言语而兴奋,有时因为我们的言语而失落。在充分观察对方表现出的态度的同时,我们必须认真思考如何引导对方向我们期望的方向行动。如果放任不管,随便对方表达情绪的话,那么我们是无法达到自己的目的的。

对方是谁?有多少人?自己与对方的关系如何?具体情况不同,在沟通过程中引导对方的方式也会产生较大变化。

为了在对方的会场中抛出己方经营会议的决定,并阐述自己的观点、得到理想的结果,我们需要巧妙地引导对方,推动会议顺利进行。在一对一会面的情况下,我们需要不断观察对方的情绪特征和精神状态,充分发挥引导的作用,最大限度地激发对方的活力和激情。下面,我将根据不同的情况进行具体分析。

一对一会面

在这种情况下,我们要一边谈话一边认真地观察对方,不断思考对方的心情如何、正在想什么、关注的焦点是什么。我们可以在事先设想的基础上展开谈话,观察对方的反应,然后根据对方的反应改变应对措施。有时,我们需要根据对方的反应灵活地调整事先准备好的方案;有时,我们需要控制自己情绪,避免自己太过兴奋而说个不停,因为这并不是正确的沟通方式。在逐渐习惯以后,我们就能掌握一对一会面的沟通要点了。

一对二会面(对方的两个人的级别相同)

随着会谈对象人数增加,情况会变得稍显复杂。但实际上,只要我们能掌握要点,实际情况并没有想象的那么困难。由于我们需要不停地观察两个人的表情、神态,进而推测对方的理解度和认可度,从这个意义上来看,我们需要做的事情肯定是增加了。但是,我们可以尝试以两个人中比较认同我们观点的人为突破口,积极与他沟通交流,试着抓住他的心。在此基础上,我们再考虑如何获得另一个人的支持和理解。

在这种情况下,如果另一个人明显地表现出很无聊的样子,那么局面就危险了。因此,我们需要充分考虑对方两个人之间的关系和亲密程度,决不能掉以轻心。

还有一点需要充分注意,那就是我们必须避免出现连锁反应。如果对方有一个人开始产生厌烦情绪,我们没有及时关注并做出回应,那么另一个人也很容易受到影响。当对方有一个人表示支持我们时,我们千万不要表露出喜出望外的感觉,要控制好情绪,保持平稳的心态,进一步获得另一个人的支持,这是至关重要的。

一对二会面(对方的两个人是上下级关系)

当对方的两个人是上下级关系时,我们通常应主动与上司沟通,只要他表态支持,那么就基本没有问题了。但是有时上司会将决定权交给部下。在这种情况下,我们要在不忽视上司的同时积极与部下沟通,争取达成一致意见。如果部下表示同意,我们还要继续对旁听整个沟通过程的上司进行若干补充说明,向他表示尊重,确保礼数周到。

一对多会面

当我们参加在对方公司召开的会议并提出建议或方案时,我们需要凭一己之力打动所有的与会人员。在参会人数众多的会议中,我们是难以掌握详细情况的,比如每位与会者到底在想什么、参会者会如何发言等。

在这种情况下，我们可以通过位次排序、年龄和待人接物的方式等，提前了解谁是现场地位最高或者影响力最大的人。一般而言，董事长是相对比较容易被认出来的，但是如果我们不注意观察，就难以了解在会场中"除了董事长以外，谁才是真正拥有影响力的人"。

如果所有事情都是由董事长全权决定的，那么事情就简单了。但是，还有许多不同的情况，比如位高权重的经营企划室室长可以全权做决定、元老级别的销售总监不同意事情就无法推进、董事长倾听所有人的意见并综合考虑等。为了正确把握状况，避免出现临场应对迟缓等问题，凡是事先能问到的情况，我们都需要积极准备、主动提问。在一般情况下，不会出现我们接到通知需要马上出席在对方公司召开的会议的情况。在出席会议前，往往会有具体的负责人与我们沟通协调，我们可以趁此机会确认与会人员的情况。

在通常情况下，我们在会场上需要主动和地位最高的人搭话，回答对方提出的问题，同时锁定真正具有影响力的人，并获得他的理解和支持。

董事长往往会顾及部下的想法，在意自己做出的决策是否不合时宜、部下是否会反对或不满。因此，我们需要积极与出席会议的二号人物沟通，想方设法和他攀谈。如果我们能同时得到一号人物和二号人物的支持，那么基本就没问题了。

【第三个诀窍】
沟通之后持续"跟进"

即使我们通过积极沟通与对方达成了一致,事情也未必就一定会向我们期望的方向发展。**实际上,沟通之后的跟进环节才是最为关键的。**

所谓"跟进"是指营造出对方不得不向着我们期望的方向行动的局面。如果我们想得到对方的认可和支持,做到前文所述的程度就可以了。但是如果我们想带动整个组织行动或者调动他们全身心地支持我们,那么在通过沟通达成一致后持续跟进就是不可或缺的。在达成一致后,如果我们不及时巩固沟通成果,那么很可能会出现未将合作意向付诸行动就遗忘的情况。有时候,虽然对方开始行动了,但是一旦遭遇挫折或困难就会选择放弃。

双方沟通的效果非常好,并且初步达成了一致。**但是由于未能认真地跟进,导致无法将合作意向转化为具体的行动,这种情况并不鲜见。**然而,这并不意味着对方是心怀恶意的。

关于对方未能将合作意向付诸行动的情况主要包括以下三种:

第一,在达成一致后,对方向部下下达指示,希望带动整个

组织行动

不管对方表现得多像要行动起来的样子,如果我们不扎实有效地跟进,就无法取得进展。因为任何人想要在一个组织中发起与平时不同的行动或者新的项目都绝对不是一件简单的事情。

如果上司不对部下下达硬性指令,整个组织就不会真正行动。除此以外,部门间的沟通和协调工作也不是那么好做的。只有十多个人的规模不大的组织也会有相对固定的工作流程和业务模式。因此,如果有人想对流程做出改变或者发起新的项目,往往会有人表现出一定程度的抵触情绪。

有些组织意识较强的高层管理者非常清楚这一点。但是很多人并不明白这一点,他们往往以为只要自己下达指示,整个组织自然会行动起来。部下在接到上司的指示后,常常会装出认真落实的样子。因此,上司会觉得整个组织都在积极行动。不过实际上,部下往往只执行上司指示中的部分内容,以此应付上司。

因此,一旦遇到上司的指示不合部下心思的情况,比如需要适当调整、上司看起来独断专行、与部分部下的价值观相悖等,除了极为简单的任务以外,上司下达的指示往往不会被部下坚决执行。

当然,部下不可能公然对上司下达的指示视而不见。因此,部下往往会以"明白了"为托词应付,然后就不闻不问了。这会导致上司的指示得不到贯彻落实。有些中层管理者为了完成任务,将高层管理者的指示传达给自己的部下,同时暗示部下"这只是例行任务而已,不必当回事"。

缺乏经验的人在得到管理者或组织中的实权派的支持后,往往会认为大功告成,不需要再做什么,只需要坐等收获成果就可以了。但实际上,这种想法非常幼稚,我们要做好心理准备,**不能指望这么轻松就能达成目标。**

第二,对方的组织内部出现反对意见或者需要付出相当大的努力进行协调

在这种情况下,领导者必须平息组织内的反对意见,在必要时甚至要不惜清算反对者,否则事情就无法取得进展。高层管理者一般不喜欢被人诟病独断专行。因此,即使自己觉得推进某个项目是正确的,他们也不愿意忽视组织内的反对意见而强行推进。对于这一点,就算是相当强势的管理者也会格外注意。

比如公司的董事长决定引进某项具有里程碑意义的提升销售额的项目,但作为元老的销售总监却拖着不办,导致项目迟迟无法取得进展,这种情况屡见不鲜。董事长不得不千方百计地说服销售总监,向他表明自己不是要干涉他的工作,并没有觉得销售工作的方向出了问题,更没有削弱其权力的意思。因为如果不能得到销售总监的支持,即使勉强引进项目,最终也无法发挥作用,甚至还会招致强烈的反对意见,让矛盾升级,最终得不偿失。

有鉴于此,积极主动跟进、向高层管理者建言献策或者面向

销售经理和业务人员举办说明会等方法是不可或缺的。

第三，对方不是发自内心地支持我们，只是"原则上愿意支持"

许多时候，对方并不是发自内心地支持我们，只是觉得"既然话已经说到了这种程度，实在不好意思辜负一片热情，只能暂时表示支持"或者觉得"如果不同意就会显得不近人情，只能勉强表示支持"。在这种情况下，即使双方达成了"一致"，对方明确表示"支持"，实际上不过是刚刚站上了起点而已。如果要想真正开展合作，取得成果，那么双方还需要从起点出发，继续进行第二次会面、第三次会面，直到双方真正达成一致为止。

如果我们不能正确对待这一流程，抱着积极的心态全力推进，最终必将功亏一篑。 如果我们只是将持续跟进项目视为自己不得不承担的任务，内心当中并没有充分重视，甚至觉得荒唐可笑，那么这种情绪会在不知不觉间传达给对方。这容易引起对方的反感，使得对方对待我们的态度变得越来越生硬。

有时，我们需要的只是对方表态同意，并不需要他采取特别的行动，比如向理事会提交公寓业主委员会的运营方针并请其批准。在这种情况下，只要我们先与处于领导位置的理事沟通交流，然后汇总其他理事的意见，再对提案进行适当调整，那么最终形成的提案往往就可以顺利通过了。

理解落实时对照检查的清单

☐ 在沟通时,注意观察对方的状况和心情,并取得成果。

☐ 从整体大局出发,理解对方所处的状况、利害关系、制约因素等。

☐ 倾听对方说的话是有利无害的。

☐ 在沟通的过程中,我们既要像即兴发挥般灵活应对不同的情况,又要做好充分的准备,还要以谨慎细致的态度推动工作进展。

☐ 为了取得实际成果,做好"准备""引导"和"跟进"。

推荐的A4纸笔记标题范例

· 怎样才能更好地了解对方的状况和心情呢?

· 怎样才能了解、掌握对方组织中的人际关系和利害关系呢?

· 怎样才能做到看似即兴发挥实则精心准备呢?

· 在"准备""引导"和"跟进"中,自己最擅长哪个环节呢?自己最可能出现问题的环节是哪个呢?怎样才能提升自己的能力,弥补自己的短板呢?

· 怎样才能敏锐地发现"达成一致后迟迟不见对方所在的组织开展具体行动"的真正原因呢?

第 2 章

准备：在正式开始沟通之前，
　　胜负已决

在开始沟通前,应该做的"准备"是指什么?

与现场如何说相比,平时构建的关系、把握对方的情况、沟通前的准备、合作者的全力支持等因素,往往会在很大程度上决定沟通的最终结果。

在平时构建关系时,最重要的事情是与对方保持日常沟通交流,尽可能维系一定程度的信任关系。

把握对方的情况是指"尽可能了解对方的立场和最近发生的事情,并正确判断应该如何与对方接触"。

沟通前的准备是指"根据情况,做好我们能够想到的可以提前做的事情",比如提出更加有效的方案、获得多名关键人物的口头支持等。

能否确保合作者的全力支持将对最终的沟通结果产生很大影响。我们要确保对方身边有能帮我们"说上话"的关键人物。

此外,根据沟通对象不同,我们在沟通前需要做的"准备"往往也是不一样的。我们必须结合时间因素,充分考虑费效比,明确需要提前将彼此之间的关系拉近到什么程度。大体上,我们可以将沟通对象分成四类,分别采取不同的策略,如图2所示。

① 由于工作或私事，可能需要对方提供支持的对象

- 上司、其他部门的负责人、客户、供应商和业主委员会委员、家长委员会委员、亲戚等。

- 这些是我们应当想构建良好关系的对象，我们不应阿谀奉承，要认真对待。

② 可以请托办事的对象

- 同事、同学、朋友等。

- 这些是和我们有交情的对象，我们可以请求对方帮忙。

③ 目前没有特别事情相求，但从长远看可能会用到的对象

- 朋友和熟人等。

- 如果其发展成为①，我们则要精心维系双方的关系，保持沟通交流。

④ 除上述对象以外的人

- 在尽可能的范围内，我们要细致周到地与其保持沟通交流。

图2　四类沟通对象

与上司沟通前的准备尤其重要

出于畏惧和戒备心理,许多人都处理不好自己与上司之间的关系。如果平时没有良好的沟通和交流做基础,大多数上司是不会充分重视我们所说的情况的,我们更不能奢望上司会愉快地接受我们的观点,并给予我们认可和支持。

与上司之间的关系并不仅仅会影响我们的工作,还可能给我们的个人生活带来重大影响。因此,我们必须想方设法与上司进行良好的沟通和交流。这绝不是一件简单的事情,也非常重要。下面,我将切入正题,和大家一起讨论如何做好与上司沟通前的准备。

平时提前准备，尽可能列举工作成果，回应期待

大家可能觉得在沟通中，只要能回应上司的期待，就不需要再费力做其他事情了。但实际上，我们还有许多可以做的事情。

我之所以这么说，是因为许多人在工作中陷入困境的原因并不是工作能力不强或者完不成任务，而是因为与上司沟通不畅，导致自己陷入了原本可以避免的恶性循环，最终沦落到"无法完成工作"的境地。

在和上司接触的过程中，许多人会产生困惑，不知道上司到底想要什么，觉得和上司难以沟通，甚至在沟通时会遭到上司的轻视，被上司质疑怎么连这么简单的事情都不知道，因此而郁闷、痛苦不堪。

推动工作进展的能力不是一朝一夕就能提升的，但想要摆脱恶性循环却相对容易。如果我们能及时阻止导致心情越变越差的恶性循环，就会觉得眼前一亮。

当然，要想做到这一点也并非易事，需要付出充分的努力。但这是非常有价值的。

下面，我将围绕五个方面，按照顺序逐条进行说明。

①在接到工作指示后，立即对内容进行分析，逐条写出重点内容并进行确认。

②确保有两三个可以倾诉的对象，在遇到问题、感到迷惑时，立即与其商量解决问题的方法。

③力争在当天，最迟不超过次日，向上司阐明输出结果的大体框架，并进行确认。

④在规定时间过去一半时，完成80%的工作量，并请上司确认。

⑤平时做好A4纸笔记，提前了解上司的烦恼和立场。

①在接到工作指示后，立即对内容进行分析，逐条写出重点内容并进行确认

上司下达的工作指示一般都比较笼统。之所以会出现这种情况，有许多原因，比如：工作指示来自上司的上司，上司自己也没有充分消化理解；上司的工作太忙，根本顾不上说明细节要求；上司不擅长带动部下工作；上司觉得部下理应充分发挥自己的主观能动性；上司的技术储备和理论水平不足；等等。

上司有时会想让部下自己思考、领会，有时会因为忙碌、疲惫而心烦意乱，还有时觉得简单应付一下就行了，这些情况并不少见。

因此，在接到上司下达的工作指示后，我们应该立即对指示

的内容进行分析，逐条写出重点内容并请上司确认，这一点非常重要。如果我们只是接受上司的口头指示，随着时间推移，双方的记忆会越变越模糊，容易遗忘部分内容，这可能造成一些问题和麻烦。

有时甚至可能会出现上司否认自己说过的话的情况，比如说"我从来没有那么说过""我根本不是那么想的，你怎么连这么简单的事都不明白"。

在这种情况下，如果我们直接驳斥上司说"不可能，我记得很清楚，您就是这么说的"，那么可能会令上司感到尴尬，并对我们怀恨在心，导致我们和上司的关系陷入恶性循环。

我们不必在意逐条写出重点内容的格式，无论什么形式都可以。具体而言，我们可以通过笔记的形式，记录在什么时间节点之前、通过什么方法、使用什么资源、完成什么事情，请上司确认这些内容。"完成什么事情"的内容尤其重要，如果我们没有请上司确认，那么我们可能就会做无用功，浪费宝贵的时间。如果要制作资料的话，我们需要请上司详细确认资料的篇幅、具体有什么背景等；如果是Excel（电子表格）的话，我们需要详细确认其中的内容；如果是动画的话，我们需要详细确认时长多少、什么风格等。

②确保有两三个可以倾诉的对象，在遇到问题、感到迷惑时，立即与其商量解决问题的方法

在确认了上司指示的重点内容后，如果我们还有些问题、感到迷惑，我们应该立即与两三个可以倾诉的对象联络，咨询自己是否存在误解、这种做法是否存在问题以及应该注意什么。

我们可以选择公司中的前辈或与我们一同进入公司的人作为我们的倾诉对象，也可以从后辈中选择与自己谈得来的人作为我们的倾诉对象，人数以两三个人为宜。如果我们学生时代的同学中有能够与我们谈工作的人，那也可以作为我们的倾诉对象。如果我们能遇到彼此可以敞开心扉互相交流的人，共同分享推进工作的经验、做法，那就是再理想不过的情况了。

毫无疑问，这是一种有效的工作方法。但令人遗憾的是，在实际工作中，人们往往容易忽视这一点，很少有人这么做。这是因为很多人从未想过"要与别人商量"、坚持认为"应该自己先试试，不行再说"、感到向别人咨询很丢人、没人愿意迈出第一步等。这样白白浪费了机会，令人感到十分惋惜！

我曾经负责过支援企业经营改革的工作。当时，我不仅会咨询项目负责人的意见，还经常向其他同事请教。在许多情况下，来自同事的建议往往能够发挥关键作用。由于不是自己的业务，同事的建议反而更加客观、更加理性。再加上大家同在一个单位，对于上司的性格、爱好和部门的特点等都非常了解，因此同

事往往可以提出有效的建议。如果我们能从相反的立场出发思考问题，可以实现有效互补，有利于拓宽自己的视野，不断深化自己对问题的认识。

③力争在当天，最迟不超过次日，向上司阐明输出结果的大体框架，并进行确认

在完成上述步骤后，我们要快速形成输出结果的大体框架，并向上司阐明，请上司确认。所谓"输出结果的大体框架"，具体到企划书上就是简要地明确文件的体例、篇幅等。

比如设定文件的篇幅大约20页，需要明确在封面、目录、各章节的首页中应该插入什么图表。在最开始时，我们可能需要花费1小时左右的时间，但是在熟练之后，我们大约需要30分钟就能完成输出结果的大体框架。除了企划书，还有一页纸方案、Excel、设计草图等，从提炼大体框架的角度来看，这些资料的要求都是相同的。

对于那些做不出明确指示的上司而言，在看到这个输出结果的大体框架后，也能明确地分辨出我们设想的方向究竟是对还是错，并提出富有建设性的实用建议。

④在规定时间过去一半时，完成80%的工作量，并请上司确认

无论沟通确认工作做得多么细致，我们对于上司指示的具体内容都可能产生认识上的偏差。为了避免出现这种问题，我们要在规定时间过去一半时，完成80%的工作量，并请上司进行确认。

许多人觉得"做到这种程度应该就可以了"。但实际上，只要真的想做，还有很多事情是可以进一步完善的。如果我们只是将可以做的工作的进度不断地向后推迟，就会导致大量工作积压。在这种情况下，有些人会找理由解释工作积压的原因，但这是没有意义的。正确的做法是趁着时间还充裕的时候，积极采取措施，尽最大努力想办法实现目标。只要肯努力去做，我们就会发现实现目标其实并没有那么难，完全是可以做到的。

工作能力强的人在工作时都是按照这种节奏向前赶进度的。因此，我们应该仔细看看周围，如果有这种人，我们一定要认真地观察，学习他们预留提前量的秘诀和为了摆脱恶性循环而采取的应对措施。

"预留提前量的秘诀"具体是指如何提出准确可靠的设想、如何在缺少素材支撑的情况下描绘整体蓝图、如何调动内外部的力量以最快的速度解决问题等。此外，如果我们全力以赴地进行准备，但仍出现了意外情况，陷入恶性循环，那么我们也要平静

对待、认真观察，仔细思考如何尽早发现问题、避免事态持续恶化，同时还要思考如何激发情绪低落的团队成员的士气。

在此基础上，我们还要积极向同事请教，因为能否做到这一点是决定项目能否成功的关键。也许在请教同事后，我们会发现自己一直以来所想的、所做的或者认为理所当然的工作方法，实际上都是错误的。

在这种时候，工作能力强的人都会积极主动地向同事请教。 如果我们能向对方敞开心扉，必然会获得对方的信任，让对方倾囊相授。

⑤平时做好A4纸笔记，提前了解上司的烦恼和立场

作为部下，我们往往难以理解上司的想法和顾虑。就算我们想去揣摩上司的想法和顾虑，但由于我们无法站在上司的高度和立场上考虑问题，因此往往容易想偏。解决这一问题的有效方法是从平时开始就养成习惯，能够站在上司的立场上思考问题，并提前在A4纸上做笔记。

具体而言，我们可以在A4纸上记录下述标题：

·如果我们处于管理者或上司的位置，我们应该怎样改善公司的经营状况呢？

·上司从他的上司那里承受了哪些压力呢？

- 上司目前最苦恼的事情是什么？
- 从上司的视角来看，部下面临的问题是什么？
- 上司最希望部下做的事情是什么呢？
- 对于上司而言，这个项目有什么压力？
- 部下与上司拉近关系的方法是什么呢？
- 对于上司而言，这个项目有什么意义？

这样一来，我们只要简单地梳理一下就会发现许多平时被忽视的问题，从而能够更加全面地体会到上司的优点、努力和困扰。由于很少有人能理解上司面对的局面和烦恼，因此这种习惯可以帮我们迈出与其构建良好关系的第一步。

每个人都有自己处事的风格和习惯，光靠自己很难做出改变，也不容易坚持下去。在这种情况下，我们可以主动结交一些同事和公司外的朋友，利用空闲时间沟通交流。

此外，如果我们能充分利用微信等社交软件进行在线交流，那么就可以节约大量时间，取得事半功倍的效果。只要能保持这种努力提高自己的状态，那么我们很快就会显露出进步，从而吸引到上司的关注，令他们觉得眼前一亮。这样我们今后的工作就会更容易开展了。

与上司保持沟通，并提前汇报工作进展

有些人会因为工作进展不顺利而感到担心，觉得难以开口向上司汇报自己面对的问题，从而故意躲避上司。这往往导致他越来越难以与上司沟通，陷入恶性循环。我们必须想方设法不让自己陷入这种恶性循环之中。只要我们下定决心，与上司沟通并没有想象的那么困难。

深刻理解与上司保持沟通的好处

改善沟通的第一步就是正确理解把握上司喜欢什么样的沟通方式。也就是说，我们要深入思考上司希望在什么时间节点沟通、汇报什么事项，大体需要汇报多长时间。

如果我们能直接开口问上司，自然是最好的，比如下面这种沟通方式：

自己："出于慎重起见，我还是希望您能不吝赐教！关于项目进展，我每两天向您汇报一次，您看合适吗？"

上司："好的，没问题！就按你说的频率汇报。"

自己："如果遇到紧急情况，我可以使用邮件、微信、电话等方式与您沟通吗？"

上司："你可以给我发邮件。如果情况紧急，你也可以给我打电话，不必过于拘束。"

自己："如果给您打电话的话，请问什么时间合适呢？"

上司："如果情况紧急的话，那么你在早晨7点半以后、晚上11点之前，都可以给我打电话。"

在现实工作中，有些上司喜欢与部下打电话沟通，有些上司不喜欢与部下打电话沟通。因此，我们要提前与上司确认。此外，有些上司喜欢在项目推进过程中听取进展汇报，有些上司无所谓，有些上司则希望部下全权处理。

因此，**在最开始时就与上司确认沟通方式、要求是最安全的做法**。如果不这样做，那么我们可能将来会被上司批评："你怎么错得这么离谱？这完全不是我想要的结果。只要你此前和我沟通确认一下，就可以避免这种情况。为什么你连这么简单的事都做不好呢？"或者被上司指责说："遇到这么紧急的情况，就算是周末，你也应该给我打电话汇报！你为什么不找我沟通呢？"无论是谁被这样批评，都应该会感到愤怒无处发泄。

如果我们不方便直接开口问上司，那么也可以先问问那些工作能力强的资深员工，因为他们非常了解上司的习惯和喜好。可能有些人连问这些资深员工的勇气都没有。其实我们大可不必有太多顾虑，只管开口去问就好。关于上司讨厌的沟通方式，我们可以认真咨询资深员工的意见，他们可能会透露一些连上司本人都没有意识到的要点。

摆脱消极情绪

如果我们因为上司的言行而感到不满、迷惑或愤怒,那么我们最好静下心来,认真地在A4纸上做笔记。这样一来,消极的情绪就会逐渐消失,我们对上司的畏惧和不满会随之减轻,心情也会变得愉悦起来。心情变得愉悦会带来奇妙的变化,令我们变得更加自信。这种现象就是"恶性循环向良性循环的转变"。

这样我们就可以在避免误踩雷区的同时与上司保持沟通并及时汇报工作了。

平时积极准备,为打造上司心目中理想的组织和团队而努力

对于上司而言,打造自己部门的组织和团队是非常重要的。只是在大多数情况下,人们往往不知道应该怎样采取强化措施。关于如何培养部下,不少上司认为"应该秉承适者生存的理念,给部下布置困难的任务,那些能够坚持下来的部下自然就会取得进步。除此以外,不管话说得多么漂亮都是无济于事的"。

因此,如果我们能为打造上司心目中理想的组织和团队做出贡献,即使自己不说漂亮话也会获得上司相当程度的认可。比如我们可以尝试在部门内部策划主办"实践经验分享会",积极带头沟通打破部门壁垒,帮助新员工适应工作等。这种积极的姿态

往往会让我们获得上司的青睐和赞许。

如果我们平时能站在上司的立场上主动思考问题，从管理者或上司的视角做好A4纸笔记，积极拓宽视野，就一定可以做出相应的贡献。我们与上司之间的关系也会变得越来越融洽。

除了上司以外,我们还应与之构建良好关系的对象

其他部门的负责人

在面对其他部门的负责人时,我们也应克服消极畏缩的情绪,有机会就积极把握,主动交流。虽然可能有些麻烦,但是这样做对于我们推进工作确实非常管用。我们可以尝试寻找话题,比如最近在忙的事情、自己的烦恼、部门负责人关心的公司内外的话题等。

我们经常能够看见那些将注意力全部集中在业务成果上的人,他们的眼里根本没有其他事物。但实际上,在这种状态下,他们是无法顺利推动真正重要的工作取得进展的。即使他们能够取得一些成绩,也会因为忽视周围因素的影响,导致自己陷入困境。毕竟,一个人的力量总是有限的。

即使其他部门的负责人和我们存在较大差异,但只要他不是一个性格孤僻的怪人,我们就可以想办法与他沟通交流。对于任何公司而言,部门之间的协同合作都是至关重要的。因此,工作能力强的明白人在了解到我们的意图是"为了主动沟通"后,就

会释放出欢迎的信号。我们根本不必为对方会拒我们于千里之外而担心。

人们往往会利用一起参加活动的机会与其他部门的负责人或公司内的重要人物拉近距离。因此，我们可以充分利用会议、团建等机会，主动与对方交流，构建良好关系。

客户

在面对客户时，由于沟通对象的层级不同，我们最终能够取得的效果也会不同，比如是否能和对方公司的董事长直接沟通、是否能接触到对方公司的董事和关键部门的负责人等。当然，我们最好能与对方公司的高层管理者构建可以直接对话的关系。但是，如果我们表现得过于积极，反而容易招致对方的怀疑和反感，因此我们必须格外注意，谨慎从事。

工作能力强的人往往精于此道。针对重要客户，我们可以多下些功夫、认真对待。我们应尽可能给对方公司的高层管理者留下深刻的印象，让他记住我们的名字。这样一来，在遇到突发情况时，我们也更加容易与对方沟通。

供应商

对于供应商，我们往往能够与对方的董事长或相关人员直接交流。在面对某些特殊情况时,我们可能不得不提出一些不合理的诉求。因此,我们需要提前打好基础,与对方构建牢固的关系。为了实现这个目标,我们需要从平时开始努力铺垫,这一点至关重要。在具体操作时,我们要注意姿态,避免对方误以为我们认为自己是对方的恩人。

我们应尽量避免与对方"互相妥协"(Give and Take),力争做到"持续付出"(Give and Give)。这样一来,当我们遇到突发情况,需要外界支持才能推动工作顺利开展时,我们就容易获得对方的帮助。

业主委员会委员、家长委员会委员和亲戚等

除了工作场合的对象以外,我们还有许多需要构建良好关系的对象,比如业主委员会委员和家长委员会委员等。有时,我们需要拜托业主委员会委员帮忙"整顿自行车停车棚的秩序"或者"完善丢弃垃圾的规则"。

如果我们与对方在此前没有任何交流,对方往往不会认真对待我们的诉求,只是应付说"确实存在问题,后面会认真研究"。在这种情况下,问题通常是无法解决的。

然而,如果我们平时就和他们构建良好的关系,至少见面能打个招呼,那么在关键时刻,这种关系就能派上用场。当我们提出需求时,他们很可能会将其当成自己的事情认真处理。比如当

我们希望家长委员会委员迅速采取措施处理校园霸凌问题时，如果我们平时就和他们经常交流，彼此有一定的交情，那么事情就会变得非常简单。他们肯定会想方设法与校方积极沟通，处理我们的诉求。当我们遇到难以处理的棘手问题请求他人协助时，彼此之间是否熟悉、是否有交情将在很大程度上影响办事的效率。

亲戚之间的情况也是一样的。如果我们和亲戚平时经常交往，那么就非常容易开口请对方帮忙，比如介绍工作、在婚丧嫁娶时搭把手等。我在这方面就存在问题，不太善于与亲戚相处，结果吃了不少亏。请大家一定要高度重视处理与亲戚之间的关系，不要等闲视之。

注意维系与同事、同学和朋友等人的关系

虽然有人认为同事、同学和朋友是与自己关系比较密切的人，但具体情况还是因人而异的。虽然大家平时总在一起吃喝玩乐，但是一旦我们遇到难缠的事情，有些人可以提供帮助，有些人根本就指望不上。

如果我们平时能与同事、同学和朋友维系良好的关系，并获得对方的认可，觉得我们是"可交的人"，那么当我们遇到困难需要请求对方帮助的时候，我们就容易获得对方的帮助。与之相反，如果我们平时与对方不沟通、不交流，那么当我们遇到困难需要请求对方帮助的时候，我们就很难获得对方的帮助。因为就算我们能够放下面子去请求帮助，往往也不会得到积极回应，无法解决问题。

由于所有关系的基础都是"信用的付出与索取"，因此我们需要在某个点上寻求微妙的平衡。如果我们只是一味"索取"，那么这种状态是无法长期延续的，我们费尽心思构建的信任关系可能就会变得不那么稳定了。

维护与目前没有特别诉求但在未来某个时候可能会帮到我们的人的关系

在我们的朋友和熟人中，有些人是我们单纯的结交对象，我们目前对于他们没有任何诉求。我们要不要与这些人构建并保持良好的关系呢？也许有人会认为自己现在有许多人要结交，根本没有时间和精力顾及他们。但我还是希望大家能从长远的角度出发，选择那些未来在工作和生活中可能给自己提供帮助的人构建关系，然后与他们保持适度沟通和联系。

这是着眼未来构建的关系。这种思考问题的方式确实有些功利主义色彩，可能会有部分读者不喜欢这种做法，觉得这么做太过势利了。但是我认为：每个人的时间和精力都是有限的，因此我们不可避免地要在一定程度上做出取舍，有失才有得。

> **在尽可能的范围内,用心与所有人保持良好的沟通**

针对平时有机会接触到的所有人,我们应该克服害羞心理,采取积极的姿态,大大方方地与对方保持沟通交流。这样一来,一旦我们遇到突发事件,可能就会有人主动伸出援手,给予我们支持和帮助。

即使做了这么多准备,在平时的工作和生活中,我们还是不可避免地要与初次见面的人打交道,我们必须主动和他们沟通,以便推动工作进展,这是非常正常的。在这种情况下,我们无法在与对方正式开始交谈前进行任何铺垫和准备,只能依靠自身的实力一决胜负。

当遇到这种情况时,我们不能寄希望于自己可以蒙混过关。**真正起到决定性作用的是人品、随机应变的能力、倾听力、表现力和说服力。**万事开头难,但是随着经验积累,我们就会习惯于与人沟通,我们的心胸也会变得越来越开阔,可以轻松应对复杂的局面了。

"人品"是没办法在短时间内改变的。无论我们是想伪装自己的喜好还是想隐藏自己的缺点,最终只会显得不自然。对方的能力越强,就越容易在瞬间看透事物的本质。因此,最好的方法就是坚持自己的本性，以自然的姿态应对。

"随机应变的能力" 需要多加练习。在与他人初次见面时，我们不应紧张、慌乱，而应该以充满自信的态度自然行事，这样才能充分激发自己的随机应变的能力。有些人可能非常在意个人魅力和领袖气质，但这与自信是截然不同的，因此不必太在意。

想要提高**"倾听力"** 就要尽可能地积极聆听。"积极聆听"是指认真倾听，遇到疑问就主动提出问题，然后深入挖掘问题背后的原因。我们要特别注意，切忌带着自己某些先入为主的观念去倾听，更不能为了表达自己的观点而倾听。正确的做法是发自内心地、诚心诚意地侧耳倾听。这样才能更好地理解对方的心情和真实想法，并发现双方可以达成一致的地方（请参见附录2）。

想要提高**"表现力"**，我们可以对自己希望表达的内容进行梳理，并列成条目。当一个人缺乏自信时，他往往容易絮絮叨叨地说个不停，这通常难以获得对方的好感，往往还会起到反作用。因此，我们应该注意表达的精练程度，尽可能做到言简意赅。

提高**"说服力"**的关键是让对方感受到我们想表达的内容和想要对方帮忙的事情到底有多重要，让对方体会到我们没有任何私心。我们能在多大程度上做到这一点，决定了我们说服力的强弱。

提前发现双方可以达成一致的妥协点

此次提案的"正道大义"是什么？

要想推动工作顺利开展，最重要的就是要搞清"正道大义"，也就是"对方为什么必须同意我们提出的计划"，并在"正道大义"的基础上，发现双方可以达成一致的"妥协点"。

虽然每家公司和每个个体都有各自的特殊情况，但如果我们能从更高的站位出发，**讲清我们提出的计划是为了世界、为了国家或者为了身处困境的人们，那么我们自然会获得大多数人的理解和支持。**

比如当我们打算向飞速发展的IT投资企业的老板提出赞助需求时，如果我们能对他说清这样做的目的是"每年资助100名在编程方面才华横溢的大学生参加在新加坡举行的编程比赛"，那么就很可能打动对方，从而积极研究可行性方案。如果我们需要说服的对象是对IT行业没有任何兴趣的中小企业老板，那么对方能否理解这项投资的重要意义就很难说了。

在传达"正道大义"，也就是讲"大道理"时，我们应该注意避免提出下述提案：

① 自以为是的提案

虽然我们提出"正道大义"的站位很高,但也容易陷入自以为是的陷阱。对方也许能够明白我们说的大道理,但是觉得我们的理解似乎存在偏差之处。因此,我们要避免出现这种情况。一旦对方觉得我们的观点过于自我,即使能够理解,也不会给予我们认可和支持。

② 追求速度而忽视质量的提案

如果我们的提案只追求速度而忽视质量,往往容易被人发现问题,因而难以说服对方。行动迅速是难能可贵的优点,但应该注意把握分寸。我们要有意识地提醒自己稳重行事,避免给对方留下慌张忙乱的印象。如果我们只看到了全局的一小部分或者我们的提案存在逻辑混乱等问题,往往会带来一系列后续问题。

③ 不理性的提案

如果我们不考虑现实情况或者想直接跳过正常的流程,完全凭感觉行事,觉得"这个提案不错,希望尝试一下""这个课题牵涉面太大,只能放弃""之前的提案都没能解决问题,因此就算这个提案有些不成熟,还是应该试试看",那么我们是根本打动不了对方的。我们需要注意避免被个人情绪左右,导致自己根本不去思考对方是怎么理解和认识问题的。那些听不进别人意见、思维僵化偏执、不注意搜集情报、只凭错误信息决策的人,往往都属于这种类型。

即使自己的提案遭到对方的批评和质疑，我们也要耐心地倾听。**如果不用心倾听，我们就永远无法站上打动对方的起点。**这样一来，我们也就无法充分发挥"正道大义"的重要作用了。

寻找双方可以达成一致的妥协点

在讲明了打动对方的"正道大义"之后，我们应该寻找双方可以达成一致的妥协点，这是至关重要的。"妥协点"是指**"在深入交流之后，彼此能够达成一致的交界线"**。这是因为在充分考虑对方的立场和状况之后，我们很少能遇到完全按照自己的主张行事的情况，所以需要双方进行沟通协调，达成妥协，最终形成统一意见。

因此，立足现实思考问题是至关重要的。"立足现实"是指**"在坚持某种应有姿态的同时，根据实际情况灵活调整状态，选择不过度执拗于主观愿望的方法"**。

我们需要保持平和的心态，具体判断是通过一次会议就能达成一致还是需要两三次讨论后才能达成一致，抑或是双方存在不可弥合的鸿沟因而最好现在就选择放弃。当然，也有些人倾向于凭感觉办事，觉得"自己一定能办成"。在个别情况下，这种做法可能取得一定的成功，但是往往不具备持续性。如果我们想要持续推动工作顺利开展，那么就不能凭感觉办事。

找准可能达成一致的妥协点并不是一件多么困难的事情。其中的关键是树立**"需要思考妥协点，才能得到理想的结果"**的观念。即使双方在妥协点中仍或多或少存在一些分歧也没问题，因为双方可以此为基础朝着积极的方向不断前进。

不太擅长经营各种关系的我的做法

我们平时应该怎样做才能经营好关键时刻真正能发挥作用的关系呢？我想最重要的一点就是提前"准备"，平时有意识地采取措施。虽然这并不是我擅长的领域，但我一直都积极努力，希望取得一定程度的进步。

我之所以说经营各种关系并不是我擅长的领域，主要有两个原因：

第一个原因是我的酒量不好，因此基本不会参加需要应酬到很晚的第二场、第三场酒局。与白天工作时间严肃的交流相比，在这些场合，大家可以更加深入地沟通，也更容易拉近彼此的距离。我会因此而非常遗憾地丧失一些机会。

在麦肯锡工作时，我曾被派到韩国工作了10年。我明显感受到韩国人比日本人更重视夜间应酬。因此，我使用自己的独门秘籍装出一副很能喝酒的样子。在韩国，"敬酒"和"回敬"是非常重要的，规矩和讲究也非常多。我每次应酬一落座就先发制人，向在场地位最高的人提杯敬酒，从而在气势上抢占先机。当有人向我敬酒时，我就抿一口应付一下，然后趁人不注意将酒杯中的酒倒进茶杯中，然后找机会再次提杯敬酒。

第二个原因是我的性格有些内向，因此不太喜欢人多的场合，也不愿意同时与许多人交际，更不愿意对人喋喋不休地谈自己的事情。我因为工作关系需要与许多人接触，平均每年要参加大约100场研讨会。虽然我并不觉得这让我不适，但是我在周末或者晚上独处的时候感觉更舒服。

那么，==在构建良好的人际关系方面，最重要的因素是什么呢？我认为有两大因素：给人留下良好的印象和避免惹人讨厌。==

是否能给人留下良好的印象在一定程度上可能会受到运气的影响，但是我们可以注意自己的言行避免惹人讨厌。没有谁会讨厌用心倾听自己心声的人。因此，真正做到倾听对方说话会有令人震惊的效果。下面，不善交际的我结合自身经历，与大家分享应该如何构建或者尝试构建关键时刻可以发挥作用的良好关系，相信能为大家提供一些参考。

① 在一个月以内相约聚餐

我在负责经营改革咨询业务时，很快就与客户企业的主要高层管理者和核心部门负责人一起共进晚餐了。当时，我在与客户企业的对接团队接触大约一周后就相约聚餐了，与客户企业的主要高层管理者和核心部门负责人则大概等了一个月。如果没有聚餐，我总觉得不安心。直到聚餐结束之前，我一直担心对方将我当成外人从而无法顺利推进合作。

在经营改革取得进展后，我会开始推进新的项目，于是会与新的团队成员相约聚餐。在为LG集团经营改革提供咨询的10年时间里，我基本沿袭了这种交际模式。回到日本后，每当要给大企业的经营改革业务提供咨询时，我都非常重视约会聚餐。

在约会聚餐时，我们应当尽量选择共进晚餐。如果相约共进午餐的话，那么由于大家下午还要继续工作，因此没有太多时间充分交流。晚餐的时间比较长，大家可以把酒言欢，放松心情，从而深入交流。从交流的深度和与对方的亲密程度来看，晚餐具有午餐无法比拟的优势。我虽然不太能喝酒，但能陪好那些喜欢喝酒的客户，确保他们开怀畅饮。

②出席大规模活动，积极构建关系

发展势头正盛的风险投资公司的高层管理者、负责大企业新业务开发的部门负责人和投资人每年都会参加很多大型活动。如果我们能参加这些活动，就有机会结交许多高层管理者。

我就曾经多次参加大批风险投资行业巨头云集的日本最大规模的活动，并借机结交了数十名企业的高层管理者。在和他们共进晚宴和第二次会面之后，如果彼此谈得来，我们就会相约第二天共进早餐或午餐，进一步加深彼此之间的关系。

我就是凭借与风险投资企业高层管理者之间的关系拉来赞助，于2011年和2012年连续两年成功举办了"突破校园"（Break Through Campus）编程大赛。这是日本首个学生程序开发大赛。我租用了神田地区的周租公寓给参赛的近100名学生在两个月的时间内免费住宿，给他们提供能够集中在一起进行程序开发的环境。这项赛事对参赛学生免收住宿费，发放餐费补助，免费提供大碗方便面和咖喱，甚至为学生报销了往返路费。

风险投资企业的高层管理者在邀请学生参与比赛、提供赞助以及比赛中交流和事后跟进的过程中，与参赛学生之间的交情变得越来越深，关系自然也变得越来越亲密。许多当年参加这项赛事的青年才俊最终都走上了创业之路。

提前准备一些有效资料

当想要求人办事时,我们应该提前准备一些有效的参考资料。虽然这不是必备要求,也并不一定能派上用场,但是一旦遇到需要沟通协调和支持认可的情况,对方可以用这些资料在公司内进行说明。如果我们没有提前准备资料,对方很可能会觉得我们不够专业、态度不认真。

应该事先准备的"有效资料"具体是什么?

所谓"有效资料",高度概括起来,可以总结为下述四个问题的答案:

①谁因为什么而面临困境?
②针对困境,我们是否有自己特有的解决方案?
③为什么我们要求助于对方?
④这次需要请求帮助的事项是什么?

这四个问题的答案非常重要,我分别进行说明。

首先,如果我们说不清<u>"谁因为什么而面临困境"</u>,对方就无法充分理解我们托办之事的意义和重要性。此外，如果我们不明确面临困境的人，就无法激发对方的"当事人意识"。

其次，**"自己特有的解决方案"**也是必不可少的。如果我们不明确向对方提出解决方案，就会令对方觉得"虽然问题很严重，但没有具体的解决方案，不具备任何意义"，从而表示无法给我们提供帮助。对方可能会表示理解我们面临的困难，但是根本不知道我们想要他做些什么。

再次，如果我们不阐明**"为什么我们要求助于对方"**，就会令对方认为我们面临的困难与他无关，觉得"明白你说的意思，但是你不应该来找我""就算和你说了很多话，但是和我没关系"。

最后，我们要说出**"这次需要请求帮助的事项"**，应尽量简洁明了地概括出需要请对方办的具体事情。有些人喜欢自作聪明，明明对自己想要表达的内容缺乏了解，却装出一副自信的样子，不管有用没用都会说一大堆废话。这样非但不会发挥作用，还会适得其反。

如果我们能坚决果断地摒弃毫无意义的废话，就可以简洁、清晰地向对方传达自己最想表达的信息。

准备好资料后的注意事项

为了确保资料发挥作用，在准备好资料后，我们需要站在对方的视角反复检查，确认资料是否易于理解。一旦养成习惯后，我们完全可以按照自己的习惯完成检查工作。但是，在最初阶段，我建议大家按照下述方法进行检查。

最简单的方法就是请求他人支持，让其向我们讲解资料。实际上，这可以说是一种最简单的角色扮演方法。当我们站在对方的立场来检查资料时，更容易发现其中存在的问题。如果我们真正潜下心来，甚至会迅速发现资料中存在的逻辑不通之处。此时，我们应该及时修改资料，并请求他人再次向我们讲解资料。

我有个习惯，每当初步完成一个PPT（幻灯片）后，**我总会将幻灯片从头到尾播放十多次。这样一来，我就可以对细微之处进行修改。**然后，我还会将资料打印出来，反复推敲，发现需要完善的关键点。一旦将文档打印出来，我们就会发现许多意想不到的需要改进的地方。

如果心有余裕，事情就会进展顺利

在谈话时，最重要的事情就是要做到心有余裕。**"心有余裕"是指充满自信地与对方自然交流的状态。**

当处于心有余裕的状态时，我们能够完全发挥自身的实力，因此可以迅速理解对方的言语、表情以及肢体语言表达的内容，并采取适当的应对措施。无论事先怎样准备，我们都无法提前洞悉对方的全部想法。这就需要我们在双方开始交谈之后，深入观察、理解对方做出回应或者没有回应背后蕴藏的真实意图，并根据情况随机应变。

我们应当采取的正确做法是摒弃先入为主的观念，不盲目给事物定性，积极主动地去了解对方的真实意图。当对方表露出乎我们意料的反应时，我们也要避免冷场，通过"哦！原来是这样"等表达方式继续与对方沟通。在运用积极倾听的方法后，那些原本我们认为出乎意料的事情可能就会变得容易理解了。

要想做到心有余裕，我们可以注重平时努力，在以下六个方面多下功夫：

①反复练习；
②模拟实际场景，做好预演准备；

③从对方的立场出发，记录至少20页A4纸笔记；

④提前想好极端恶劣局面的应对方案；

⑤在开始会谈之前，提前抵达约定地点；

⑥在会谈结束之后，不要安排其他日程。

这六个方面至关重要，下面我将逐个进行说明。

①反复练习

想要通过沟通交流推动工作顺利开展绝非易事。因为谈话不是单方面的，必然会有交流对象，彼此之间肯定存在利害关系。这与钢琴发布会、歌唱大赛和演讲比赛一样，都需要反复练习，这一点的重要性毋庸置疑。在"通过沟通交流推动工作顺利开展"方面，练习具有极其重要的价值。

如果我们觉得自己的练习已经非常充分，自己已经尽力做到最好，万一不成功也没有什么遗憾的话，那么我们自然就可以做到心有余裕。大多数人在沟通交流重要事项前都没有反复练习，而是直奔现场即兴发挥。但是，**在彼此还不熟悉的情况下，我们最好的选择就是反复练习。**反复练习积累经验，会在适当的时候发挥理想的作用。

②模拟实际场景,做好预演准备

在练习时,我们应尽可能模拟实际场景,做好预演准备。

比如当需要在客户企业的董事会会议上,向董事长、副董事长、常务董事和三名董事(共计六个人)汇报自己提出的方案时,我们可以提前设定场景进行练习,邀请同事扮演这六个人,并向他们汇报方案。在这个场景中,我们可以使用马克笔在纸上用大字标明董事长、副董事长等职务,并放置在座位前面。各个职务的扮演者应当根据自己扮演的身份提出相应的问题。

在开始预演前,我们可以多和同事交流,要求他们不要有顾虑,尽可能大大方方地扮演角色。对于我们和扮演角色的人而言,这种预演都是很好的锻炼机会。虽然我们未必了解客户企业董事长和副董事长等人的性格特征,也不了解他们彼此之间的关系和氛围,但只要我们能坐在现场模拟相关场景,得到认真发言的机会,并有序地练习包括回应现场提问在内的各个环节,本身就已经达到目的了。这就能够让我们做到心有余裕了。

当然,如果我们能提前掌握一些信息,比如客户企业的董事长非常重视规则或者性格大大咧咧、某位董事非常认真细致等,我们就可以请求同事根据这些信息提出相应的问题。总体来说,这样做就是希望大家能在所了解信息的范围内演绎角色,并提前做好心理准备。

在公司内部做提案的时候,比如在新业务研讨会上提交新的商业计划，我们也可以按照这种方式进行预演，从而做到心有余裕。无论什么运动项目，在正式比赛之前，参赛人员都会分阶段进行训练，并参加热身赛。从这一点来看，比赛和汇报方案之间是有相似之处的。

③从对方的立场出发，记录至少20页A4纸笔记

如果我们能够从对方的立场出发提前做好准备，记录至少20页A4纸笔记，就可以掌握许多情况。比如我们可以从客户企业的董事长的立场出发，按照下述标题用A4纸做笔记。

- 董事长会对这个提案中哪个部分最感兴趣？
- 董事长会觉得这个提案中哪个部分最好？
- 董事长会对这个提案有什么看法？
- 如何向董事长进行说明，才能推动提案顺利地通过？
- 如何进行说明会令董事长觉得容易理解？
- 如果董事长不同意这个提案，那么他会有哪些顾虑呢？
- 如果董事长同意这个提案，他在公司内会面临什么压力？
- 董事长会在多大程度上听取前任董事长的意见？
- 董事长是怎么看待提交方案的人（也就是我们自己）的？
- 董事长需要解决的问题到底是什么？
- 董事长最关心的事情是什么？

・在董事长同意这个提案后，应该如何具体执行？

　　与光凭想象不动笔相比，像这样连续记录至少20页A4纸笔记有利于促进我们更加深入地思考问题，其效果非常明显。一旦我们站在对方的立场上思考问题，就可以轻松地发现需要改进的地方，自然能够做到心有余裕。

　　在面对没有明确解决思路的问题时，人们往往会感觉无从下手。但是，通过这种基于多种视角记录笔记的方法，我们可以站在对方的立场上思考问题，因此只需要用20分钟的时间记录至少20页A4纸笔记，就能在很大程度上厘清思路。我们可以站在与自己存在分歧的对象的立场上，也可以站在因缺乏自信而备感苦恼的同事的立场上，认真地记录笔记。

　　这种方法不仅能够厘清思路，还可以客观地分析对方的立场、思维方式、偏好的做法以及禁忌等。这样一来，我们就可以向解决问题的目标顺利迈进了。

④提前想好极端恶劣局面的应对方案

　　提前想好极端恶劣局面的应对方案是非常重要的。因为如果我们能大概预估极端恶劣的局面，那就可以做好充分准备，做到心有余裕。下面，我们结合前文说明的向客户企业的董事会成员汇报提案的案例进行具体分析。

极端恶劣局面A的应对方案
开始交流5分钟后,我们就惹怒了客户企业的董事长

在这种情况下,我们要向对方直接道歉,比如说:"非常抱歉!我能知道您为什么生气吗?我一定尽自己最大的努力改进。"然后,我们就可以直接转入积极倾听的状态,认真去听对方所讲的内容。

在积极倾听对方表述的内容时,我们不能畏畏缩缩不停道歉,也不能总是想着如何反驳对方,而是应该认真倾听对方说的每一句话,尝试理解讲话内容的真正意义。这样一来,我们就可以从中领悟到解决问题的关键方法。如果我们一味地道歉,就会给人一种卑躬屈膝的感觉,从而让自己陷入被动的局面。如果我们总是想着如何反驳对方,就会不自觉地流露出这种情绪。这无疑会火上浇油,让对方更为愤怒。不仅如此,这还会让我们产生偏见,从而误解对方的真实意图。我们还要考虑到自己过去的言行是否有不周之处、是否有我们此前没有想到的原因。无论如何,我们都不要感情用事,要认真倾听对方表述的内容。

极端恶劣局面B的应对方案
在陈述提案一段时间后,客户企业的董事会成员突然说:"够了,你不用再讲了。你所阐述的观点与我们公司的经营方针完全不同,你的发言就到此为止吧!"

在这种情况下,我们应当不慌不忙地冷静回应对方:"原来

是这样啊,那实在是太抱歉了!看来我没有充分做好准备工作,我的提案还是有不符合贵公司经营方针之处。请问我有什么办法可以弥补我的过失呢?还望您不吝赐教,万分感谢!"在这种情况下,我们千万不能因感到灰心失望而垂头丧气,也不能被对方不礼貌的态度激怒而导致交流中断。我们最好的应对方案就是以谦虚的姿态,诚恳地向对方请教。

出现这种局面的原因可能是对方误解我们的表述,也可能是我们有考虑不周的地方,但是我们决不能轻言放弃。实际上,我们还是有很大概率可以挽回局面的。

⑤在开始会谈之前,提前抵达约定地点

虽然很多人可能觉得"在开始会谈之前,提前抵达约定地点"是常识,但这一点是非常重要的。如果能提前10分钟左右到达约定地点,我们的心绪也会比较平和。

当然,在天气不好或者自己离约定地点较远的情况下,我们最好多预留一些提前量。虽然可能有些人觉得这没什么大不了的,但是在某些情况下,这可能成为决定成败的关键因素。许多人平时都有准点到达约定地点或者迟到的习惯,这其实是极其危险的。

⑥在会谈结束之后，不要安排其他日程

这一点也可以算是常识了。要想真正做到心有余裕，我们就要注意：避免在会谈结束之后安排其他日程。有些时候，会谈会陷入胶着状态，导致会议结束时间晚于原计划。还有些时候，会谈进展顺利，对方可能会邀请我们共同用餐，这种情况是很常见的。在共同用餐的过程中，如果双方相谈甚欢，可能会打开心扉，听到对方的真实想法。有时，我们还需要与对方第二次会谈，对方才会真正放下戒备，畅所欲言。

在中国、韩国和印度尼西亚等亚洲国家，这一点是非常重要的。当然，我们也会遇到自己已经空出时间等着对方邀请，但最终对方没有任何表示的情况。不过，换个角度看，这正好给我们提供了可以自由支配的时间。

仅用时15分钟，角色扮演可以带来焕然一新的变化

我们可以邀请两名同事，加上自己一共三个人，进行角色扮演，只需要用时15分钟，我们就可以做好比较充分的准备（参见图3）。

第一个人扮演听取汇报人，第二个人扮演汇报人，第三个人担任观察员，密切关注双方沟通交流的情况。

先用3分钟的时间模拟正式场景。汇报人进行陈述汇报。听取汇报人也要进入角色，适时打断汇报人的发言并提出问题。用于汇报的3分钟结束后，有2分钟反馈时间。在反馈时间中，观察员、听取汇报的人、汇报人用2分钟交流各自的发现和感想。

在交流结束后，按照顺时针方向交换角色。如此先后进行3轮，共计15分钟。这样一来，我们就可以比较好地明确怎样做才能更好地表达以及如何才能更加有效地发挥汇报的作用。

在没有开始行动之前，各位读者千万不要质疑"只有15分钟时间，到底能有什么效果"，一定要亲自试一下。只要各位读者尝试一次，就会发现这么做的价值了。我可以自信地告诉各位读者，这种角色扮演的方法是非常有效的。

最开始时，我极为重视角色扮演准备工作的细节，往往会提

前写方案，每次花费的时间都远远超过15分钟。但是，这样做的效果和作用并不理想，在具体实践过程中存在许多问题和不足，比如每次准备工作花费的时间过长、刻意做作的成分过多、大家的立场趋同导致没有太多建设性意见等。后来，由于实施角色扮演的场地有时间限制，我不得不将整个角色扮演的时长从每次15分钟压缩到10分钟，结果发现并没有什么问题，反而运转得更顺畅了。于是，我又进一步将时长压缩至7分钟、5分钟，最终控制为3分钟。

角色扮演仅仅需要3分钟，反馈只需要2分钟，通过轮换实施3次，三个参与角色扮演的人都可以体验"汇报人""听取汇报人"和"观察员"三个角色，整个过程只需要15分钟。 虽然存在汇报人扮演的时间过短这一问题，但是通过换位思考，每个人都可以获取全新的认识，扮演观察员的角色可以深入观察另外两个角色的表现，并及时进行反馈，这都是非常有意义的。因此，只需要3分钟就足够了。如果单次角色扮演的时长超过5分钟，大家恐怕就会感到疲倦了。

我每年都会组织100多场讲座，其中多数都会组织讲座的参与者按照这个方法进行角色扮演，结果备受好评。

通过角色扮演，参与者可以在短时间内积累平时无法学到的经验，比如"向脾气暴躁的客户企业的董事长提交方案""与出了名的急性子领导沟通新业务""指导能力弱的部下开展工作""无论什么情况下都坚持积极倾听"等。

第 2 章
准备：在正式开始沟通之前，胜负已决

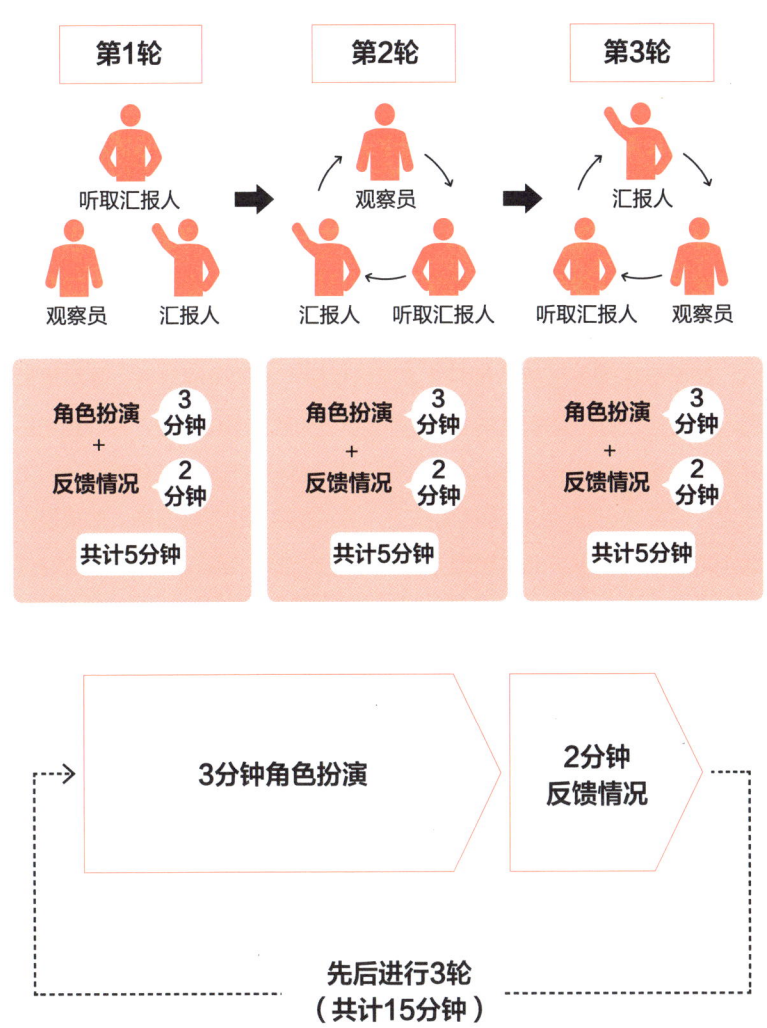

图 3 角色扮演

【专栏】服装和发型

在选择服装时,我们在一定程度上需要根据交流对象的情况进行调整,这是商务领域的常识。特别是求人帮忙时,我们应该结合行业和对方的状况,精心选择自己的着装。我们必须牢记:不能靠奇装异服吸引别人的注意力,真正令我们显得与众不同的是良好的品格修养和优雅的言谈举止。

如果前往国外出差,我们应该提前了解当地的风俗习惯,并尽量做到入乡随俗。我之前有段时间每个月都要去印度或越南出差,我到机场后需要立即去更衣室换衣服。这是因为印度和越南的气温比日本高5—10摄氏度,如果穿长袖衬衫的话就太热了,给人的感觉也不够得体。如果是南北距离较远的国家,北方和南方的着装风格也大不相同。在美国硅谷这样的高科技产业园区,人们一般都习惯穿着休闲装。如果从日本出差到硅谷的人还保持着西装革履的着装风格,那么就会给人一种格格不入的感觉。

关于发型,也是同样的道理。有人觉得这是每个人的自由,大家可以随意选择自己习惯的发型。但是在工作场合,却并非如此。当我们阐述自己的观点希望对方认同时,如果我们的发型过于怪异,可能会给对方留下一种特立独行的印象,从而对与我们合作产生疑虑,觉得这可能并不是一个好的选择。

当然,这并不意味着衣着和发型越保守就越好。我们需要确保自己的衣着和发型不会令对方产生反感,从而可以让沟通顺利进行。

理解落实时对照检查的清单

☐ 沟通的对象不同，事先准备的措施也截然不同。

☐ 通过明确双方可以达成一致的妥协点，探索解决问题的现实答案。

☐ 对于解决问题而言，能否提前积累一定程度的人际关系，存在云泥之别。

☐ 尽管未必用得上，但也要提前准备一些有效资料。

☐ 通过角色扮演，我们可以用15分钟做好比较充分的准备。

推荐的A4纸笔记标题范例

· 怎样才能消除不愿意与上司沟通交流的意识呢？

· 上司面临的困扰是什么？上司承受的压力来自哪里？

· 怎样才能构建牢固的人际关系呢？

· 怎样才能依托比较少的有效材料实现目标呢？

· 在什么情况下，才能真正做到心有余裕？

第 3 章

引导：牵引对方按照我们的想法行动

常规的工作推进方法与"引导"的方法之间有什么区别?

在使用常规的工作推进方法时,我们一般都会先向对方表述自己提出的方案,然后想方设法争取对方接受我们提出的方案。这种做法乍看起来是行得通的,不存在任何问题,但在现实中往往行不通。因为对方没有义务接受我们的想法。如果我们提出的方案对对方有利,对方自然会顺水推舟地表示同意。如果我们提出的方案对对方没有好处,对方就会拒绝我们提出的方案。

本书中介绍的"引导"的方法完全不同。在使用这种方法时,通过正确引导会议走向、做好外围铺垫只待对方同意等方式,我们最终可以实现**"带动对方或对方团队向着我们期望的方向行动"**的目标。

闲聊的作用

有些人倾向于在会面的最初阶段和对方打完招呼之后就直奔主题。我本身也有这种倾向,因此对这一点特别关注。但是,我在许多时候还是把握不好节奏,因此我会经常复盘,反思自己有哪些需要改进的地方。

寒暄过后直奔主题的问题在于许多人会觉得这种直奔主题的推进方式有些唐突，如果双方不太熟悉的话可能就会显得比较生硬。这样一来，可能会导致沟通的氛围不是很融洽，反而会影响沟通效果。因此，我们需要特别注意，尽量避免出现这方面的问题。

在麦肯锡任职期间，我曾经在韩国工作了10年，后来又在印度工作了3年。在这些国家，双方在会谈开始的十多分钟里往往都会谈论天南海北的话题。有些时候，花在这种闲聊上的时间会接近半个小时。如果我们后面还有其他安排，就很容易变得焦虑不安，心中暗自怀疑一直聊这些与主题无关的话题到底好不好。但是，俗话说"入乡随俗"，在没有其他更好办法的情况下，我们也只能想方设法适应当地的习惯了。

实际上，闲聊也不是毫无用处的。双方可以<u>通过闲聊更加深入地了解彼此的情况，不会白白浪费时间</u>。因此，我总是告诫自己，"闲聊是非常重要的""急于求成是行不通的"。

我比较喜欢聊文化、风俗习惯和思维方式的差异，以及与家庭相关的话题。对于印度人而言，重大节庆活动、废钞令①、应对减排规定等都是非常重要的话题。在与公司高层管理者交流的

---

① 2016年11月8日，印度总理莫迪突然宣布，从当日凌晨起终止旧版的1 000卢比和500卢比两种大面额纸币的流通，同时发行新的500卢比和2 000卢比面额的纸币，旨在打击贪污腐败、逃税漏税和伪造货币等行为。在短暂的兑换过渡期后，自2016年12月30日开始，旧版的1 000卢比和500卢比的纸币真正成为"废纸"。印度的"废钞令"令全世界震惊。"废钞令"一出，印度股市暴跌，高速公路因罢工而堵塞，兑换钞票的人排起了长队，场面一度混乱不堪。——译者注

过程中，谈论这些内容能够拉近彼此之间的距离。时至今日，回首往事，我认为值得总结的经验就是：要高度重视闲聊的作用。

在实际工作中，有些人非常看重速度和效率而忽视或者没有充分发挥闲聊的作用。这样的人应该抽出时间，体验一次闲聊的实际效果。我相信他必定会有所斩获，至少也能深化与对方之间的关系，有利于顺利开展工作，最终也能够提升工作的速度和效率。

在最初阶段，从对方想听的事情开始切入

切忌突然抛出提案

在闲聊结束后，双方可以准备进入正题了。我们可以用"今天贸然造访是为了……""这次需要麻烦您的事情是……"等作为切入点，进入正题。

虽然我们说这些话是为了切入正题，但是我们绝不能急于提出自己的方案。很多人存在误解：**觉得对方可能要问某方面的内容，因此需要百分之百地进行回应；**担心如果遗漏了某些内容，可能会引起对方的不满，令对方觉得自己浪费了对方的时间，或者引起对方质疑"为什么不早说"。但事实并非如此。我们应该静下心来，先听对方到底想要说什么。

有时，对方会因为纠结要不要提出某个问题而犹豫。因此，即使对方陷入沉默，在一段时间内一句话也不说，我们也不要因此乱了方寸，急于发表自己的意见。在这种情况下，我们可以静下心来思考对方想要问什么，并等待对方主动开口。在许多时候，我们都难以预料事情的发展方向，因此与其盲目开口，不如静下心来慢慢等待。当然，我们可能也担心对方不认同我们提

出的方案，因此想找一些话题来转移注意力，比如说一些完全无关的事，或者关于项目发展的预判等。实际上，这么做并不聪明。一直以来，我都坚持细致谨慎的原则，始终先倾听对方的发言。这是非常有益的，可以避免给对方留下我们只顾及自我感受的印象，还可以让我们提出更有说服力的建议推动工作顺利开展。

应该先充满诚意地认真回答对方的问题

当对方像连珠炮一样不断地提出问题时，我们应该先充满诚意地认真回答对方的问题。这件事情说起来简单，但真正做起来却绝非易事。

"这么说好吗？""应该从哪里开始说起呢？""现在这个场合可以说吗？"越是遇到重要的事情，人们就越容易犹豫不决，总是怀疑自己"表达方式存在问题，似乎让对方感到不舒服""是不是说了一些不该说的话"。

我们越在意这些事情就越容易落入自己挖的陷阱中，变得唯唯诺诺，说起话来结结巴巴，甚至词不达意。因此，我们一定要打开格局，敞开胸怀，真诚地发表自己的意见，才不会患得患失，这样往往能取得意想不到的效果。

难以应答时缓解尴尬局面的方法

不擅长与人沟通的人大体可以分为三类:

第一类:紧张怯场型

这类人一遇到重要场合,就会感到紧张,大脑瞬间变得一片空白,不知道对方在问什么,也不知道自己应该如何回答。为了避免出现这种情况,这类人可以提前准备,在A4纸上列出二三十个可能被问到的问题,然后针对每个问题准备1分钟左右的应答发言。这样就可以轻松应对各种局面了。

第二类:思维混乱型(不知道应该从哪里开始发言)

这类人可以提前准备简明的会谈方案,明确会面目的、预想对方可能的反应、必须传达的信息以及抛出话题的方法等重要事项。这样一来,就可以灵活应答,确保会谈顺利进行。

第三类:过度纠结型(过度在意对方的反应,甚至处于执拗的状态)

这类人需要转换思维,不要过度在意对方的看法,因为"不管对方说什么都不是世界末日,这次行不通就下次再努力"。无论是谁都面对过碰壁的情况,但是世上没有什么过不去的坎,眼前再大的障碍放到未来都不算什么。

切忌用反问回应提问

我在这里需要提醒大家注意：切忌用反问回应对方的提问。那些对于自己的沟通技巧充满自信的人，往往容易滥用"技巧"，喜欢用反问来回应对方的提问。比如对方提出问题："你是怎么看××的？"有些人会不直接回答问题，而是反问对方："你又是怎么看的呢？"根据我自己的经验，那些口若悬河的人或者自认为能言善辩的人经常会采用这种方式应对提问。但是我不推荐大家采用这种方式应对提问。

面对这种反问，对方可能会产生反感，觉得"我希望你能直接回答问题，而不是用反问来回应提问"。虽然也许有些人不会在意这一点，但是有些人对此很反感。因此，我们最好不要采用这种方式应对提问。

使用这种方式应对提问的人主要分为两类：第一类是因不知道怎么回答而想要蒙混过关的人，第二类是因觉得回答后会惹来不必要的麻烦而刻意回避的人。第一类人想要隐瞒自己不熟悉情况的尴尬状态，但最终是很难隐瞒的。习惯于采用这种方式蒙混过关的人是很难成长进步的。第二类人则生性谨慎，可能对来自外部的批评比较敏感。但是由于这类人总是顾左右而言他，对自己应该发表的意见避而不谈，因此不容易令对方信任。这往往导致明明可以达成一致的事情最终不了了之。

针对时间不足问题的解决方法

我们还需要注意：如果我们过度在意对方的提问，将所有时间都用在认真地回答问题上，那就可能会导致时间不足，根本没有机会阐述自己的观点。认真的回答会加深对方的信任，但是也会耗费一定的时间，令我们陷入被动局面。因此，我们应该在避免急于求成的前提下，"简明、扼要、准确"地回应对方的提问。

下面，我将沟通中可能出现的各种反应进行分析，请大家根据自己的情况做出判断，以适当的方式进行回应。

·如果对方越聊越起劲儿，那么我们应该加快节奏，配合对方。

·如果对方表现冷淡，没有任何反应，那么我们应该连续抛出新的话题，寻找能够激发对方兴趣的内容。

·如果对方觉得我们表现得热情过头了，没有以同样的热情回应我们，那么我们应该控制激动的情绪，逐渐恢复冷静。

·如果对方被我们吸引住了，产生了过高的期待，那么我们应该及时解释清楚，让对方有合理的期待。

·如果对方反应不过来，感到迷惑，那么我们应该用更加通俗易懂的实例或表达方式向对方解释说明。

应该如何引导对话？

应该利用什么时机提出自己的方案？

我们在结束闲聊并回答了对方提出的问题后，就应该切入正题了。在这里，我需要提醒大家注意两点：

第一，在对方提出问题之后会留有一定的空余时间，我们可以在此时开始提出自己的方案。如果把握不好时机，太早提出方案就会给人一种性急的印象，令对方感觉我们有些靠不住。过早地被对方看透自己的底牌对我们来说是没有任何好处的，费尽心思反复推敲形成的方案可能会因此丧失魅力。因此，我们需要特别注意提出方案的时机。

第二，如果对方事务繁忙而我们占用的时间过长，那么就会令对方感到厌烦，产生不耐烦的情绪。由于对方的情况也会随着业务的时间安排和心情不断变化，因此如果我们在对方公司内部有和自己非常熟悉的人，其能够提前搜集信息，那我们就可以寻找提出方案的最佳时机。

无论对话进展到什么程度,耐心倾听对方说话都至关重要

当我们提出自己的方案之后,对方也许并不认同,从而导致沟通陷入僵持局面,对方甚至可能表现出不耐烦的情绪。之所以会出现这些情况,往往是因为我们的陈述不够精当,对方无法理解我们的提案,或者双方的认知存在差异,话不投机。

在这种情况下,我们应该主动调整自己的策略,放下一味想要阐述自己观点的心态,立即转入倾听对方说话的状态。如果遇到自己不理解的问题,我们应该认真地向对方请教,但要注意避免给人一种过于执拗的印象。我们要注意应和对方的话,积极回应,向对方表明自己并不想挑起争执的态度。

谈话内容凌乱,双方无法达成一致时的应对方法

当我们遇到谈话内容凌乱、双方始终无法达成一致意见的情况,如果还有其他人在场,我们可以选择暂时转而与其对话,通过这种做法转换节奏。对方可以利用这个间隙稍稍平复一下情绪,我们也能借机恢复平静的状态。在时间充裕的情况下,我们还可以主动提出稍做休息的请求,为双方提供冷静一下的时间。双方可以利用这个机会向着能够达成一致的方向调整谈话重点,并再次明确前提条件等关键要素。

之所以会出现谈话内容凌乱的情况,根本原因在于双方各持己见。出现这种局面的原因往往是双方未能就某个前提条件达成共识

或者双方存在某种限制条件。 在这种情况下，我们应该尽力破解这个问题。

即使遇到对方感情用事的情况，我们也绝对不能"以牙还牙"

有时候，我们正集中精力进行说明，对方可能会突然感情用事。这就像交通事故一样属于突发事件，是难以预测的。在这种情况下，我们要控制好自己的情绪，绝对不能"以牙还牙，以眼还眼"。

因为毕竟是我们提出请求，让对方给我们机会介绍我们的提案，所以不管对方多么感情用事、说出多么难听的话，我们都不应该予以正面回击。

我们应该始终保持冷静，等着对方的情绪恢复平静。许多时候，对方事后也会反思，可能会觉得羞愧。因此，如果我们能保持克制的态度合理应对，那么再次会面时达成一致也就不那么困难了。

不能轻易放弃来之不易的机会

当双方陷入纠缠或意见不合时，许多人会选择放弃。实际上，我也曾是这种类型的人。但是随着经验越来越丰富，我逐渐意识到这样放弃实在太可惜了，并做出了相应改变。

正因为项目非常重要，我们才认真准备，花费了大量时间才获

得了会面的机会,因此我们绝对不能轻易放弃,这种消极的选择是没有任何意义的。即使最终可能面临一无所获的结局,我们也没有理由不尽最大努力争取就选择放弃。

即使对方表示同意,也不能表现得大喜过望

在经过艰苦的会谈之后,如果对方表示支持我们的提案,我们也不能当场表现得过于兴奋,这一点非常重要。因为如果我们表现得大喜过望,对方就可能会认为我们占了很大的便宜,怀疑自己"是不是上当受骗了……""是不是中了圈套……"。对方甚至可能会反悔,说"算了!还是别合作了"。因此,我们要特别慎重,做好情绪管理,小心谨慎地推进后续工作。这并不是由文化差异造成的,主要是由个性差异造成的。如果对方的性格正直爽朗,那么我们表现得比较兴奋也不会有什么问题;如果对方生性多疑,那么我们就必须注意控制自己的情绪了。

应该如何表达自己的主张和想法？

真正打动人心的关键在于能否表明自己的主张和想法对于对方而言同样具有重要意义，带动对方将其视为自己的事情全力以赴地去处理。 为了实现这个目标，我们需要做到下述五个要点：

第一，确保自己的主张不是自私自利的

第一个要点是讲好"正道大义"。最重要的前提就是我们的主张要具有某种社会意义，而不是出于个人利益和私欲。如果做不到这一点，我们就难以激发其他人的共鸣。

那么，"正道大义"究竟是指什么呢？我们不必认为"正道大义"一定非常"高大上"，具体的评价标准就是能否挺起胸膛在所有人面前开诚布公地说出来。由于每个人都有自己的利益，因此或多或少都会出现为了个人利益而睁一只眼闭一只眼的情况，这一点需要特别注意。如果我们提出的方案对于对方、自己和客户企业而言是有利的，那么即使提案被人质疑，我们也能有力地回应对方。

第二，寻找双方共同认可的地方

正所谓"条条大路通罗马"，实现"正道大义"的路径和方法并不是唯一的。即使双方的意见不完全一致，我们也要努力寻找双方共同认可的地方，这一点至关重要。具体流程如下面的实例所示：

对方："我觉得很难在短时间内得出结论，因为还有许多地方值得进一步研究。"

自己："是的，从整体来看，确实还有许多地方需要进一步研究。针对通过留学培养人才的方针，您觉得怎么样呢？"

对方："嗯，关于这一点，我是充分理解的，也非常认同。我觉得这是一个极具创意的想法。"

自己："太好了！从目前的情况来看，这是重中之重。我们能就这一点达成一致，真的太好了！"

在明确了这一点之后，双方可以再就其他方面的问题进行深入沟通。

第三，争取对方将我们提出的事情当作自己的事情对待

我认为在表达自己的主张和想法时，最重要的一点就是"争取对方将我们提出的事情当作自己的事情对待"。如果我们能做到这一点，那就很有可能充分调动对方的主观能动性，激发对方

的当事人意识，令对方感同身受，甚至以超出我们预期的热情自觉行动起来。

为了实现这个目标，我们需要共享信息，为对方安排某个具体职务，邀请对方在会议上发言，逐步将对方纳入我们的整体计划之中。如果对方提出了一些具体的方案，比如"这样试试如何"，那就意味着我们成功地实现了目标。

第四，如果无法一次表达清楚，那就将信息分成多次表达

越是重要的话题，我们越要注意把握节奏，不要急于一次就将自己想要表达的信息全部传达给对方。如果我们试图一次将所有信息都以填鸭的方式灌输给对方，那就会令对方觉得信息量太大，无法留下深刻的印象。我们有时还会因为信息量太大而省略部分说明，导致对方不容易理解全部信息。这样我们既没有讲清自己的意图，又得不到对方的认可，最终沦落到一无所获的境地。急于求成的态度也容易引起对方的怀疑，觉得"为什么要这么着急""是不是有拉拢哄骗之嫌"。

如果是面对面会谈，我们就应当留出充裕的时间，在获得对方理解的同时，还能切实达成协议。如果是线上会议，那就相对简单一些，时间安排也更加灵活，比如间隔两三天再召开下次会议，逐步实现自己的目标。

第五，展现诚意远远重于提案本身

提案内容固然非常重要，但**"诚意"**更加重要。如果我们没有向对方表明自己的诚意，那就无法完整表达自己想要传达的信息。我们无需"口若悬河"，这样可能适得其反，令对方产生疑虑。我们只需要满怀真心地表达出自己的想法就行了。

我认为，"诚意"这个词表达的内涵包括：**"正道大义"**、**与人为善、心系他人、表里如一**。每个人对于这个问题的看法可能各不相同，但有一点是一致的，那就是为了对方认真提出方案。如果我们能展现出自己的诚意，那么即使这次会谈的结果并不理想，我们也可以给对方留下较好的印象，我们下次取得成果的概率就会提高。

切忌不懂装懂

在沟通的过程中,我们绝对不能不懂装懂,这一点至关重要。**有些人可能觉得装作什么都懂的样子能体现出自己的水平,但实际上完全不是这么回事。**如果有人不懂装懂被别人识破,那就会给人留下不诚实、不可靠的印象,从而失去别人的信任。

此外,如果对方以为这个人是"缺乏自信所以才装出什么都懂的样子",那就不会有兴趣继续听关于提案的介绍了。在最坏的局面下,对方甚至会怀疑这个人是不是一直都有敷衍了事的习惯,根本不想再次见面,更不用说帮他引见朋友了。对方可能还会告诉自己的朋友"那个人满口谎话,绝对不能信他的话"。由此可见,"不懂装懂"有百害而无一利。

如果我们确实有不懂的地方,那么在最开始时就要表明自己不懂。这会让后续的沟通变得非常轻松,既可以免去向对方解释的麻烦,也可以少一些不必要的尴尬。对方可能为了避免让我们感到尴尬而立即采取措施圆场,修复彼此之间的关系。在某个人摆出"不懂装懂"的样子的瞬间,对方往往就已经看穿了一切。只不过有时对方不想将事情闹大,于是选择低调处理,避免触碰这个令人尴尬的焦点而已。

避免"不懂装懂",应该直接向对方请教

不应"不懂装懂"的另一个原因是我们可以不用费尽心思考虑如何自圆其说。对于明明不知道却要装作知道的人而言,在听对方讲话时,总在担心一旦对方突然提问自己应该如何回答,因此思维始终处于混乱状态,给人一种心神不定的感觉。

在对方追问我们不知道的事情的时候,我们最好的选择就是直接向对方请教。此时,我们不需要考虑任何事情,只需要直接说:"不好意思,我学识浅薄,不知道您说的到底什么意思。还请您多多指教!"

只要我们坦诚地向对方请教,在绝大多数情况下都能得到积极的回应。在个别情况下,对方可能会略带调侃地说:"你真的连这个也不知道?"但这实际上不会给我们带来任何负面影响,最终对方还是会高兴地指点我们。在最坏的局面下,就算对方将我们当成笨蛋,我们其实也没有承受任何损失。换一个角度来看,如果我们能以此让对方有一个好心情,那也是划算的。

需要特别注意的地方

虽然说不懂就问是没有问题的,但是我们需要特别注意:当被问到属于行业内常识的专业术语时,如果我们连这些词语都不明白的话,那就可能会被认为是滥竽充数之辈了。

第 3 章
引导：牵引对方按照我们的想法行动

我记得自己进入麦肯锡工作两年左右的时候，有一次开英语会议。我不知道自己哪里出了问题，竟然对某个会计术语进行提问。这件事给我留下了难忘的记忆，时至今日仍难以释怀。这种水平的问题，无论什么时候、从哪个角度考虑，都不应该在会议上提出。只要上网搜索或者向团队内的专业成员确认，完全可以轻松搞定这个问题。虽然当时的与会人员并没有说什么，但是我事后回想起来，在我提出那个问题的瞬间，无论是同事还是客户应该都会觉得"这家伙真是个门外汉，什么都不懂，真是无知者无畏"。时至今日，每当想到这段经历，我仍然感到羞愧不已。因此，我在这里提醒大家一定要注意这一点。

顺便提一下，一般来说，在和外国人会谈时，无论有什么不懂的地方，基本都不会导致问题。日本人往往容易在意"问这个问题是不是不好""连这么简单的事情都不知道，会不会被对方嘲笑"，但是很多外国人并不这么认为，他们往往会热情地予以解答。我认为，这是因为外国人觉得不知道并不是令人羞耻的事情，敢于提问是一种美德，能够有机会给对方讲解知识是一件令人愉快的事情。

针对提问应该迅速思考、立即应答

在社会上，有些人善于迅速思考，有些人则需要花一定的时间。只不过对于提问，如果可能的话，我们还是应该立即应答。因为这样做会让人感觉我们值得信任，还可以提高会谈的效率。

即使深思熟虑，也不意味着应答的质量一定会显著提升

如果我们认真观察一下那些看似总爱深思熟虑的人就会发现，与其说他们思考的内容更广泛、更深入、更系统，不如说他们只不过是思考的速度更加缓慢而已。实际上，这是一种"思考速度相对缓慢"的状态，思考的质量并没有在本质上得到提升。在现实生活中，我经常会遇见一些坚持认为"如果不花时间思考，就想不出好办法"的人，但他们对事情的认识看起来并没有非常深入。

关于花费时间这件事，也有例外的情况。比如围棋、象棋、国际象棋等棋类运动的高手有时需要花费很长时间思考。只不过，在这段时间内，他们的大脑在飞速运转，根据棋局的形势不断评估最佳的应对之道和对手可能的反应。

有些人的工作速度很快，但这绝不意味着他的思考不深入。思

考问题速度快、工作效率高的人往往能在短时间内不断创造出成果，这与运算速度高的CPU可以在短时间内完成复杂运算的道理是相同的。**无论是谁，在经过训练之后，都可以具备快速、周密、准确无误地思考问题的能力。**

我在小松制造所担任工程师的时候，我的工作表现没有什么特别过人之处。但是，在进入麦肯锡后，我得到了充分训练，我思考问题的能力大大提升。正如外界传言的那样，麦肯锡的员工的工作效率是其他公司员工的三倍以上，因为麦肯锡对员工的要求是近乎苛刻的。我在麦肯锡工作后发现，想要提高思考速度也是有办法的，并且在此基础上还能不断提高效率。可以说，我切实尝到了提高思考速度带来的甜头。

我曾在麦肯锡带领多达45人的团队；我在麦肯锡辞职后曾经手下一个人都没有；我曾自己负责支援10余家客户企业；我曾每个月都必须到印度或越南出差，在面对这些情况的时候，我都保持着加速的节奏，凭借坚忍不拔的意志熬过了一个又一个难关。从这些经验来看，我觉得**提效增速是没有极限的。**今后，我也将继续保持这一姿态，不断加速前进。在提供咨询服务时，我亲自指导了许多人，引导他们实际体验了加快思考速度的真实感受。无论是谁，在经过训练之后，思考的速度都提高了数倍。与此同时，他们思考的质量并没有出现下降的趋势。

快速回答提问的效果更好

我总是习惯于快速回答提问。我建议具备这一能力的人尽可能这样做。因为这种方式可以向对方表现出我们自信的态度,加快对话节奏,并且容易营造出活跃的氛围,从而拉近彼此的距离,令双方的交流更加顺畅,也更容易令双方关系融洽。

即使尚未具备快速回答问题能力的人,只要用心体会、认真实践,慢慢也能提高能力,提高思考的速度。在最开始时,大家可能会担心自己说错话,但我们其实根本不必在意,只需要保持快速回答的状态,继续挑战自己就行了。在大多数情况下,我们自己都会感到惊讶,因为自己几乎没有出现说错话的情况。之前,在回答提问时,我们之所以会出现反应慢的情况,往往是因为慢慢思考、仔细琢磨,或者有谨言慎行的习惯,与大脑思考问题的速度无关。因此,提高回答问题的速度其实并不是一件非常困难的事情。

每天做10—20页A4纸的"零秒思考"笔记,每页笔记用1分钟的时间记录4—6行,每行写20—30个字。通过这样练习,我们就可以进一步提升快速回答问题的能力了。

当对方的节奏较慢时,应该怎样做?

当对方的节奏较慢时,我们可以有意识地配合对方的节奏,但是我们不必刻意放缓自己说话的节奏。我们要认真倾听对方慢节奏的发言，坚持在听完之后自己再开始发言，注意避免过度煽情，干脆利落地说出自己应该说的话就行了。只要不过度慌张导致交流的节奏变得混乱，我们就可以轻松地营造出良好的沟通氛围。这样一来，现场的交流气氛也会随之变得活跃。

重复对方说过的话

如果我们能在现场对对方发言的内容进行确认,就会给对方一种我们在认真听他讲话的印象,从而令对方感到放心。虽然不用每次都这么做,但是重复对方说的重要内容会有非常好的效果。具体示例如下:

对方:"针对这个项目,我认为应该尽早召开会议,共享存在的问题的相关信息。"

自己:"确实如此,我们应该尽早召开会议,共享问题的相关信息。"

对方:"是这样的。这样一来,我们就可以在问题还没有变得过于严重时就将其解决了。"

自己:"是的。如果我们可以在问题变得过于严重前就将其解决,那就太好了。"

对方:"是的。我们可以尝试顺着这个思路进行讨论吗?"

自己:"是的,我觉得这么做非常好。您能提出这么好的方案真是太好了。"

在征得对方同意的情况下,按照上述方式进行沟通是恰到好处的。只是稍稍转化一下表达方式,我们就可以推动合作项目顺利开展。

在还没有习惯这种沟通方式之前，我们可能会给人一种刻意设计的感觉，但事实并非如此。因为我们认真倾听对方讲话并进行确认，肯定能得到对方的积极回应。通过重复对方讲过的话，我们可以向对方充分表明自己认真倾听的姿态。

如果沟通的双方能像相声的逗哏与捧哏合作那样相互配合，自然可以加快节奏，也更容易让沟通氛围变得融洽。因此，我认为在沟通过程中，我们**应该尽快重复对方的话语，不断加快节奏**。一般来说，进展顺利的会谈都是以这种形式展开的。

我们有时候也会遇到一些无论怎样节奏都快不起来的沟通对象，这是很正常的事情。只要我们一直坚持积极的姿态，对方就可能受到我们的影响，沟通氛围就会慢慢变得融洽。

切忌驳倒对方

在会谈时，切忌驳倒对方，这一点至关重要。如果驳了对方的面子，就会令对方感到厌烦，我们自己的情绪也会受到影响，在短时间内心态失衡。即使深谙保持内心平静心得的我，对这一点也深有体会。沟通的目的是让对方认同我们的观点，而不是为了赢得辩论赛的胜利，更没有驳倒对方的必要。只要对方表示同意，并朝着我们期望的方向行动就可以了。有些人总是喜欢驳倒对方来寻找乐趣，实际上这是完全没有意义的。

我们与他人沟通交流的目的并不是拼个你死我活。 在带有某种目的的会谈中，沟通的目的是向对方传达自己的观点、情绪和实际情况，力争与对方达成一致，并推动对方按照我们的意图采取某种行动。

在会谈中逞口舌之快对我们是没有任何好处的，因此我们根本不应该有驳倒对方的念头。这样做不仅无助于推动工作按照我们期望的方向前进，还会造成阻碍，甚至会引发问题，给未来带来不利的影响。

在经过激烈交锋最终决出胜负的情况下，双方会产生矛盾，甚至最后连一句话都不想和对方说了。因此，我们应该极力避免出现这种局面。无论从什么角度来看，这样做都是得不偿失的，还会给未来埋下可能爆发矛盾的隐患。我非常重视这一点,平时经常反思自己是不是说了多余的话。

要换位思考激发共鸣，而不是尝试驳倒对方

如果我们觉得对方的发言是毫无道理的，那么就容易产生驳倒对方的想法。在这种情况下，**我们应该试着换位思考，认真体会对方的心情，了解对方为什么会说出那种话、为什么会做看似蛮不讲理的事**。这样一来，我们就能够压制自己想要驳倒对方的冲动。

只要对方不是特别不讲道理的人，都不会没有任何理由就说出毫无道理的话，常见的原因包括以下四个：

①谈话的出发点不同

当双方对各自的职能存在误解或者说明不充分时，谈话的出发点就会出现分歧。因此，对方讲的内容看起来就是毫无道理的。这样一来，双方得出的结论自然就是不一样的。当然，问题也可能出在我们身上。当双方熟悉之后，即使我们觉得双方可能存在误会，但在交流过程中也无法重新确认沟通的立场，双方的冲突可能因此变得越来越尖锐。

② 价值观存在本质上的分歧

在基本方针和发展思路差异过大的组织之间,如果会谈双方不能换位思考,站在对方的立场上分析问题,就会觉得对方不可理喻。由于双方谈话的大前提不同,因此在"活动目标""活动内容""合作"以及"宣传"等与文字相关的内容理解上往往容易存在巨大的鸿沟。比如关于"合作"这个词的意思,一方的理解是"双方同心协力,共同完成某项工作,双方之间的关系是平等的,所付出的努力和贡献是公平的",另一方则认为"提出需求的一方应该承担绝大部分责任,被委托的一方只需要在对方提出的需求范围内提供最低限度的协助即可"。

③ 对方组织内部沟通不畅

如果一个组织的内部氛围不好,很容易发生这种问题。在这种环境下,即使我们与客户企业的高层管理团队达成了合作意向,在接下来执行项目的过程中也不能过于乐观,绝不能简单地认为这样就可以轻松地推进合作了,或者觉得对方已经完全、准确理解自己的意思了。因为对方组织内部沟通不畅,所以容易出现不能充分共享信息的情况,这会导致我们在与高层管理团队达成一致的情况下也未必能够与具体执行人员顺利合作。双方可能出现分歧,从而陷入交流不畅的窘境。

④自己公司内部出现分歧

有时候,我们听别人转述的话也会存在错误,如果不试着和当事人确认一下,就无法了解事情的真实情况。在公司内部,沟通过程中也会经常发生传达信息不准确、表述观点不完整、关键前提遗漏等问题。此外,公司内可能有些人对我们不满,会借机挑起事端,试图破坏对话,这种情况也是很常见的。

在这些情况下,我们要站在对方的立场上思考问题,体会对方的处境。我们至少应该试着理解对方的思维方式,因为确实可能存在某些问题或者我们自己存在不对的地方。这样一来,我们就可以重新调整思维方式,试着思考怎样才能发现彼此的共同之处、如何才能达成一致,并以此为基础整理自己的思路。

每个人都具备推理能力,并且都认为自己提出的观点是正确的。比如"因为……,所以……""由于……,因此……"。

只不过这些推理往往与主观意识、价值观、利益关系以及既有经历等因素相互交织,沟通双方容易出现认识和理解上的偏差。如果在彼此互相理解的基础上进行思考,我们就可以冷静客观地分析出现分歧的原因,结果自然也能加深彼此之间的理解和共识。在这方面,最重要的是树立正确的沟通理念,也就是"沟通交流的目的并不是拼个你死我活""只要认真对话,总能发现彼此之间的共识"。

走进对方的内心

我认为除了换位思考、激发共鸣以外,"走进对方的内心",理解对方的感受和情绪也非常重要。共鸣是拉近彼此之间距离的利器,是非常重要的。但是如果我们想再进一步,**就要真正理解对方的情绪和想法,也就是要真正走进对方的内心。**

下面,我将结合以下三种情境进行具体说明。

对方团队的某位成员主动与我们联系

如果遇到这种情况,无论我们多忙都要第一时间通过各种方式与对方进行沟通联络,这样一来,我们就可以慢慢"走进对方的内心"了。对方往往是遇到了一些问题并经过深思熟虑之后,才与我们联络的。因此,即便我们手头上有今天必须完成的任务,也要先将其搁置,集中精力优先处理对方提出的需求。

我们觉得与对方话不投机

在这种情况下,我们不能主动放弃,觉得对方"真是个令人讨厌的家伙""跟这个人无法沟通",而是应该积极面对,抱着"正因为不明白,才更要耐心地听对方讲"的心态,反思"到底是怎么回事",这才是努力"走进对方内心"应有的姿态。虽然能否走进对方的内心还要看具体情况,但是我们绝对不能一遇到这种情况就本能地抗拒与对方沟通,这一点至关重要。

即使我们发表了不同意见,对方还是强硬地坚持己见

在这种情况下,我们不应该自己生闷气,而应该"打破砂锅问到底",抱着"这个人为什么不听别人的意见,总是固执己见,向他人强加自己的想法呢?他一定有某种特殊的原因或者有自己的苦衷"的疑问,积极与对方沟通。这样也许可以取得意想不到的效果。在向对方询问的过程中,如果对方能够平静地面对我们提出的问题,这就意味着我们已经逐步走进他的内心了。

如果我们能走进对方的内心,就可以抚慰对方受伤的情绪,朝着改善双方关系的方向不断前进。这样一来,我们也可以减轻自己由于受到对方无理指责而产生的压力,也能加深自己对于对方的理解。双方就有希望达成一致了。

尽量摒弃以自我为中心的思维方式

如果我们习惯了以自我为中心的思维方式，那么无论如何也不会想到要走进对方的内心。即使上文介绍了很多方法，可能还有一些读者朋友没有完全理解。无论是谁，身上或多或少都会有一些以自我为中心的地方，这是难以避免的，但这绝不是令人感到自豪的资本。因此，我们应当从平时开始养成良好的习惯，自觉摒弃这种以自我为中心的思维方式。

具体而言，我们可以尝试以下六种方法：

①平时多读书，了解各种各样的思维方式

我们之所以会形成以自我为中心的思维方式，大体有两个原因：第一是过于自我、傲慢任性；第二是缺乏对他人思维方式的了解，导致自己视野狭隘。有些人明明完全没有以自我为中心的想法，但感觉与对方之间存在沟通障碍，这往往都由第二个原因造成。解决这个问题最有效的方法就是多读书。通过多读书，我们可以用最为简单直接的方式了解持有不同立场的人的各种各样的思维方式。我们可以选择读小说，也可以选择读纪实类作品，只要是自己感兴趣的内容就行了。

②始终站在对方的立场上思考问题，设想各种场景，并积极采取行动

在现实生活中，许多人明明没有以自我为中心行动的想法，却被身边的人误解和批评，因此感到心灰意冷。其中可能有他本人的问题，也可能是过去的上司和前辈溺爱的结果。如果这些人情绪激动地反驳别人的指责，可能会被认为是对批评耿耿于怀的、想要制造麻烦的人，那恐怕渐渐连批评的声音都听不到了。

③拜托同事和家人监督自己，发现以自我为中心的言行时及时提醒

当我们发现自己存在以自我为中心的言行却无法果断停止时，我们可以拜托同事和家人监督自己，发现苗头之后及时提醒。我们需要特别注意：当别人提醒我们的时候，如果我们流露出厌烦的情绪，就会挫伤对方的积极性，导致对方不愿意再帮助我们。这就要求我们必须学会忍耐，经得起批评。

以自我为中心的人往往是完美主义者。因此，能够认识到这一点的人，可以试着挑战一下自己。虽然可能有人认为"没有用，要是真能做到这一点就不用费劲了"，但知道自己存在问题还不试图改善，对自己是没有任何好处的。

如果有人觉得不管怎么做都没有效果，可以试着寻找四五个比较倾向于以自我为中心的同事相互监督，提醒彼此注意。在实践过程中，大家可能会因此而生气，但是这样更容易暴露出各自的缺点，从而发现许多值得改进的地方。

④ 试着从多个角度出发，在A4纸上确认自身是否存在以自我为中心的言行

站在对方的立场上思考问题并不是一件容易的事情。由于对方的思维方式、经历、见识与我们不同，因此我们很难持续站在对方的立场思考问题。我向大家推荐"A4纸笔记法"：试着从多个角度出发在A4纸上记笔记，这样可以清晰地确认自己是否存在以自我为中心的言行。我们可以从各种不同的视角出发分析问题。比如：

- 在什么情况下，自己会变得以自我为中心？
- 在什么情况下，别人会指出自己以自我为中心？
- 当被别人指出自己以自我为中心时，问题出在哪里？
- 不以自我为中心的人言行一般是什么样的？
- 不以自我为中心的人是怎么保持这种状态的？
- 自己刚才的行动是不是以自我为中心的？
- 在出现以自我为中心的言行后，自己有什么感觉？
- 在避免出现以自我为中心的言行后，自己有什么感觉？
- 对于自己而言，"以自我为中心"到底是指什么？
- 自己是从什么时候开始变得以自我为中心的？

我们可以一口气做十多页笔记，这样就可以发现许多问题了。

⑤针对以自我为中心的人和不以自我为中心的人记录"灵感笔记",与其他人交换意见(需要10分钟时间)

我们与同事、朋友一起,针对彼此了解的以自我为中心的人做3分钟左右的灵感笔记,并用2分钟交换意见。然后,按照同样的流程,针对彼此了解的不以自我为中心的人做笔记并交换意见。通过10分钟左右的活动,大家可以发现许多问题(参见图4、图5)。

⑥邀请两名同事,实施三人角色扮演(需要15分钟时间)

我们可以邀请两名同事,加上自己一共三个人,实施角色扮演。其中一人扮演以自我为中心的角色,另一个人扮演不以自我为中心的角色,最后一个人担任观察员。角色扮演的时长为3分钟,结束之后,再利用2分钟时间进行反馈。反馈由观察员发起,然后按照不同的角色先后顺序轮流进行。一个角色扮演的轮次共需要5分钟。

然后,按照顺时针方向交换角色,如此反复3次,总计15分钟,三个人就可以将三个角色都体验一遍了。这样三个人都能够发现许多问题。

以自我为中心是没有任何好处的。我们可以通过自己的努力或多或少改变这种状态。在改变了以自我为中心的状态后,无论是在工作中还是在生活中,我们面临的压力都会随之降低,负面情绪也会随之减少,工作就会更加顺利了。

第 3 章
引导：牵引对方按照我们的想法行动

以自我为中心的人（　　　）

1. 他/她在哪些点上体现出以自我为中心？
—
—
—
—

2. 他/她为什么那么以自我为中心？
—
—
—
—

3. 他/她以自我为中心的言行给大家带来了哪些困扰？
—
—
—
—

4. 他/她为什么意识不到自己是以自我为中心的？
—
—
—
—

图 4　"以自我为中心的人（　　　）"的笔记

不以自我为中心的人（　　　）

1. 他/她为什么能做到不以自我为中心？
   ―
   ―
   ―
   ―

2. 他/她能做到不优先考虑自己的利益和对自己有利的条件吗？
   ―
   ―
   ―

3. 他/她能做到事事优先考虑他人的利益和情况，从不惹人厌烦吗？
   ―
   ―
   ―
   ―

4. 他/她具有这种性格的原因是什么？
   ―
   ―
   ―

图5　"不以自我为中心的人（　　　）"的笔记

不要执着于说服对方，而要争取对方的理解

如果急于求成，一味地想要推动工作顺利开展，我们就容易产生想要说服对手的执念。但是"说服"这个词带有"驳倒对方，令其无法反驳"和"能言善辩"的意味。

与之相比，<u>如果能获得对方的理解，我们就可以推动工作顺利开展了。</u>如果我们真正"理解"对方，就能在内心深处与对方产生共鸣，这有利于深入把握对方的节奏，进而获得对方的认同和支持。我平时非常注意沟通方式，总是设法争取对方的理解，避免以简单粗暴的方式说服对方。要想做到这一点并不简单，但是一旦我们能够做到，那么就可以推动工作顺利开展了。

虽然都可以泛泛地称为"理解"，但实际上，不同程度的"理解"是存在差异的。比如有些程度的"理解"是"根据情况，勉强可以接受"的，有些程度的"理解"则是"从心底认可，一定会全力以赴去落实"的。

为了获得对方的理解，具体应该怎样做？

在表达自己的观点时，我们应该怎样才能做到不是说服对方

而是获得对方的理解呢？

首先，我们"要听明白对方的真实意图"。由于许多人都不善于表达意见或者在表达意见时犹豫不决，因此需要通过积极倾听了解对方的真实意图。在倾听时，我们不能一边想象某个场景或者一边思考自己想要说的内容一边去听，而要做到诚心诚意地认真听对方的话。由于对方能分清我们是否在认真倾听，因此如果我们只是装装样子，那么肯定会被对方识破。

其次，针对原本要表达的事情进行思考，结合自己在现场了解到的对方的心情和状态，调整自己要讲的内容，确保这些内容能够被对方接受。如果我们边听边思考，那就可能会给人一种心不在焉的感觉。因此，在倾听时，我们要尽量做到精力集中，在差不多了解对方的真实意图后再开始思考。如果我们能够提前准备，设想多个与对方反应相关的方案，并提前准备好问答内容，就可以轻松应对现场的各种局面了。

最后，我们要向对方说明自己原本想要表达的内容和希望对方提供帮助的事情了。在这个环节，我们要注意避免过度向对方施加压力。本来对方就抱有警惕心理，因此我们在交流时需要注意自己的言行。如果我们觉得自己已经占领了道德的制高点，那么就容易产生想要批评对方的苗头，导致我们带着情绪与对方交流。对此，我们必须充分注意。由于对方往往会变得很敏感，甚至会关注语气细微的变化，因此我们务必牢记：丝毫不可隐瞒自己的真实意图。

在我们进行说明之后，对方可能会辩解或直接反驳。在这种情况下，**我们要尽可能在细节上认可对方所说的话，确保对方感到放心**，比如"确实如此，这一点正如您所说的那样""我非常理解这一点的特殊意义，我完全赞同您的想法""关于您指出的问题，我已经充分理解了，我完全同意您提出的变更方案"等。通过在一系列细节上达成一致，我们可以推动对方的态度变得越来越积极。这样一来，对方在很大概率上就会接受并支持我们提出的方案。然后，我们就可以按照计划推进工作了。

像这样经过反复多轮沟通后，如果对方是个通情达理的人，一定能理解我们的立场，并给予支持。此外，我们还可以适当地完善自己提出的方案中不合理的部分，从而形成能够实现双方共赢的最优方案。

应对与自己话不投机的人的方法

在现实生活中，还有一些人，虽然我们非常想获得他们的理解、和他们产生共鸣，但总是话不投机。对于这些人，我们应该如何应对呢？

作为基本原则，**我们最好不要与和自己话不投机的人接触，避免与他们产生交集。**因为即使我们与他们达成了某种协议，他们事后也可能反悔，甚至可能认为自己被骗了，因此我们很可能白忙一场，甚至陷入困境。我们必须远离"不讲道理的人""无法正常沟通的人""无法坦诚交流的人""容易暴怒的人",避免和他们产生交集,这是一条铁律。

如果我们刚开始时就注意这一点,那么就不应该被对方其他方面的有利条件所吸引。因为如果我们贸然与这样的人合作,事后必然会出现矛盾,导致我们追悔莫及。

但是在现实生活中,我们往往都需要与对方接触并深度交流后才能发现对方存在的问题。有时,对方会因为我们表达的内容不够清晰而感到愤怒,我们因此需要当场致歉。为了避免出现这种问题,当现场的气氛出现不和谐的苗头时,我们就应该保持积极倾听的姿态,全力以赴探究导致问题出现的原因。

如果有人觉得这还是很困难的话,那就应该明确提出双方谈不拢的理由,尽早结束交流。此时,最优先要考虑的事情就是如何顺利离开现场,因为对方是我们本不应该见的人。

但是如果对方觉得我们提出的方案很有建设性,或者发现了我们提出的方案中存在漏洞,那么事情就会变得很复杂了。这样一来,对方就会寻找各种理由试图让我们留下来和他继续交流。如果我们表现出不愿意交流下去的态度,对方可能会勃然大怒,要求我们给出合理的解释,并借机要求我们让步,这是极为常见的套路。

就算事情没有发展到这种程度,当双方难以进行有效交流时,我们就应该竭尽全力,充分运用各种手段准备与对方斗争。事情的发展有时是不以人的意志为转移的,我们不用过度在意最终的结果。由于打交道的对象是人，因此事情不会总是向着我们期望的方向发展。认识到这一点是至关重要的。

在交流的同时结交朋友

如果我们能在交流时让对方与我们站在同一战线上,整个会谈就很可能取得圆满的结果。

在一对一交流的情况下,要视对方的态度决定自己的策略

在一对一交流的情况下,我们是很难让对方与我们站在同一战线的,这是因为对方往往会认为"自己是公司的最后一道防线",从最开始就认定"如果全盘接受对方的观点,那就意味着失败""如果不能在谈判中争取有利条件,那就有辱使命"。在这种局面下,我们必须从最开始就尽可能多地了解对方的基本情况,比如对方坚持的价值观、先决条件、限制条件、能做出妥协的底线等,并积极思考应对措施。在这一过程中,我们必须集中精力认真倾听对方的发言,同时快速思考对策。

虽说我们要从最开始时就尽可能多地了解信息,但实际操作起来却非常困难,我们在许多时候甚至连倾听对方的发言都做不好,因为对方可能根本不会向我们透露自己的真实意图。"谈话前的准备"之所以重要,就是因为这一点。在准备不充分的情况

下，我们应该迅速反应，请对于对方而言重要的人帮忙引荐或者居中斡旋，这是非常必要的。

如果我们能一直保持真诚的态度，不烦不躁地虚心倾听对方说话，那些看似难缠的对象，**态度也会发生转变，我们甚至可以从他们身上看到希望之光。**由于这些希望之光往往是转瞬即逝的，因此我们需要格外细心，注意观察，等待时机。

在发现希望之光后，我们要及时跟进，顺着透出希望之光的缝隙轻柔地推开通向光明道路的大门。态度越是强硬的人，往往越爱面子。在与他们接触时，我们要保持真挚的态度，绝对不能用"这下该明白了吧"之类的说教语气。如果能做到这一点，他们与我们站在同一战线的可能性就会大大提高。如果我们面对的对象并不这么难缠，而是"能听得进去建议的人"，那么事情就容易多了。如果我们从最开始就认真倾听，明确掌握对方坚持的价值观、先决条件、限制条件、能做出妥协的底线等，那么就容易推动工作顺利开展了。

当然，如果我们轻率地提出自己的观点和主张，对方的态度可能就会迅速变得强硬起来，因此在沟通的过程中一定要注意观察，等待时机，不能忽视对方发出的善意的信号。

在一对多交流的情况下，要善于发现可以团结的人

在一对多交流的情况下，即使对方的核心人物有些固执，但

是在对方团队中总会有一些我们可以团结的人。这是因为在大多数情况下，只要我们能够把道理讲清楚，就一定可以获得大多数人的信任和支持，他们就会产生与我们合作的愿望。

实际上，寻找可以团结的人并不是一件多么困难的事。 当我们参加会议提出方案或与对方进行谈判时，**肯定会有人赞成我们说明的内容，这些人就是我们有可能团结的对象。** 这些人会在有意无意之中给予我们认可与支持。如果我们提出的方案具有可行性，即使对方的核心人物不认可，我们往往也能获得一些人的支持。

在这种情况下，有意赞成我们的人和下意识赞成我们的人之间存在巨大的差异。有意赞成我们的人往往认为自己公司的高层管理者、自己的上司的思维方式存在问题，希望能够提出更为合理的方案。但是他们自己不方便直接提出问题或者曾经提出过建议但没有得到重视，因此希望通过来自外部的合理提案改进工作。他们会通过肢体语言对我们表达"确实如此""是这么回事""请一定要说服我的上司"等信息。

这些人可能无法直接表示赞成我们，因为那样他们就可能被自己的领导盯上。在这种情况下，他们会通过眼神表达自己的想法。当然，这不一定是和我们四目相对进行眼神交流，也许是将视线一直放在我们身上，努力向我们传递信息。

在发现这些信号后，我们就可以清楚地了解对方组织内部对其领导者的看法，以及谁会成为积极支持我们提案的人。我们还需要特别注意：在与向我们示好的人通过目光进行交流时，不要被对方的领导看出来，以免节外生枝。当然，我们也有必要慎重考虑自己的选择，评估是否要与这么严苛、死板的公司合作，与之合作又能带来什么好处。

那些下意识赞成我们的人往往表现得更加自然。他们通常没有想向自己的领导表达的想法，只是单纯地觉得我们提出的方案"很有道理"，并发自内心地给予我们支持和认可。在氛围相对开放的公司中，往往会出现这种情况。

通过对谈判的核心人物、有意赞成我们的人、下意识赞成我们的人的人数和态度以及对方公司的整体氛围等因素进行分析，我们可以掌握许多情况，甚至可以预见对方公司会怎样对待我们的提案、他们在表示支持的情况下是否会附加谈判条件、双方之间是否存在本质上的分歧、谈判当事人在公司内的人际关系到底如何等。

充分发挥名片的作用

在会谈双方最开始见面时，大家往往会交换名片。我们可以充分发挥名片在会谈中的作用。我们可以根据座位顺序摆放名片，这样就可以知道谁坐在哪里了。如果对方进行了自我介绍，那么我们可以把其中的要点直接写在名片上。在大体介绍了提案内容后，我们可以对照出席人员的名片，邀请其中几人发表意见。**我们应当以赞成我们的人为中心，结合地位高低按照顺序征求意见。**提前了解哪些人会支持我们是非常重要的，因为这将发挥关键作用。通过了解这些信息，我们可以知道谁是完全赞成我们的、谁是有条件地赞成我们的、谁会持观望态度。

如果大多数人是赞成我们的，那么我们就应当征求他们的意见。这样一来，赞成我们的人数就会随之猛增。因为许多人都是墙头草，他们要么没有完全理解我们的想法而内心持保留意见，要么想观望一下现场的氛围再做决定。如果我们提问的效果不佳，就会产生负面影响，那么随之而来的意见往往都是消极的。这样做无疑是在自掘坟墓。因此，我们必须审时度势、认清形势，在"万事俱备，只欠东风"的时候再使用这种方法。

用不上精心准备的资料也是一种幸福

当提出方案、陈述情况或发表意见时，我们往往会提前准备一些资料并形成PPT。通过这种方式，我们可以更加明确地梳理发言背景、己方观点、支持依据、与对方之间的分歧以及弥合分歧的具体方法等。

即使在组织内部，为了形成统一认识，我们也需要汇总材料。如果不提前准备，不用说客户企业了，我们的提案可能在自己公司内部都无法得到认同，甚至还会遭到强烈抨击。

平时，我们经常会遇到自己的发言遭到对方消极回应的情况，比如"我并没有那个打算""我没听懂你要说什么""这个事情我之前听过"。有时，即使结合资料进行说明，我们也只能勉强过关，换回来的不过是一句"差不多，就这样吧"。但是，反过来想，如果我们没有向对方展示资料，情况也许会变得更糟，我们可能会面临更加严厉的批评。

事情发生后，后悔是无济于事的。因此，我们应该提前精心准备材料，确保能够打动对方，获得认可。

不过，在实际谈判中，能不能用到这些提前准备好的资料就另当别论了。

虽然准备的资料内容不同会导致情况有所差异，但是总体而言，当对方大体表现出满意的状态时，我们就可以使用提前准备好的资料进行说明。如果我们从一开始就使用资料按照顺序进行说明，那也没有问题。

当会谈的情况相对复杂或者难以准确评估对方会采取什么态度时，我们与其贸然拿出资料长篇大论给对方留下负面印象，不如先进行口头说明，一边观察对方的反应，一边推进讨论，这样才是最为稳妥的做法。由于自己有提前准备好的资料，因此可以做到有备无患，从而让我们有充足的底气。

在会谈按照我们的计划取得实际成果的情况下，我们可以在最后向对方说明"这是此次汇报内容汇总的资料"，并直接递到对方手中，或者在会谈结束后向对方发送资料。如果我们费尽心思搜集制作的资料内容准确、翔实并且能够满足对方的需要，那么我们再将资料发给对方就容易给对方留下深刻的印象。此外，如果我们想在对方的公司中顺利推进我们的提案，往往也需要资料作为支撑。

虽然资料是提前准备好的，但是否在说明过程中向对方展示，要根据实际情况来决定。 在许多情况下，盯着对方眼睛保持沟通交流的方式是更为有效的。

学会真正驾驭白板

当对方多于三个人时,我们可以使用白板对讨论的内容进行梳理。这样能够更加清晰地表达我们的观点,并让沟通交流变得更加顺畅。

宽度为1.8米左右的白板使用起来最为方便。我曾经为许多企业的经营改革工作提供咨询支持,因此经常需要面对总结对方意向以推动工作顺利开展的局面。**每当遇到这种情况时,我基本都会使用白板。**

白板具有不可思议的魔力,可以有效地展示出管理者的思维方式,并以之为中心充分汇集参与者的意见,最终在团结、和谐的氛围中就存在的问题达成一致,从而取得令人意想不到的效果。

会议中经常容易出现跑题的情况

会议本身存在一个问题,那就是根据主题和现场的情况,大家容易聊聊就跑题了。会议经常会沦为大家吐槽的平台,在每个人发表完自己的意见后就草草收场了。这样就导致花费时间开会却无法形成实际性决定,大家在开完会后仍然不知道谁在什么时间之前应该完成什么工作。原本应该在会议上确定的事项在实际执行时还存在许多漏洞。

此外，在会议中，经常存在与会人员各说各话的问题。也就是说，大家没有明确指出彼此之间观点的差异，参加会议的人像站在永不相交的平行线上一样，不断地交流讨论，但无法形成结论。即使最终形成结论也不过是敷衍了事，根本无法触及问题的本质，对于解决问题毫无帮助，这种情况是很常见的。

还有一些会议，团队的领导者对会议结果感到非常满意，但团队成员根本不知道到底是怎么回事、应该怎么具体落实会议的成果。因此，我们经常会遇到看似共享了信息但实际上完全没有交流、看似制定了方针但实际上并没有具体施行措施的情况。

用好白板是有诀窍的

为了避免发生上述问题，我们可以在开会时使用白板，这样做的效果非常明显。许多会议室都有白板，只要能记录写在上面的内容并实现共享就可以了。

但是，在许多情况下，即使我们想在白板上做记录，却不知道该写些什么。我们可能既不清楚发言内容，也不知道对方实际想说些什么。虽然我们鼓起勇气站在白板前面，但大脑一片空白，根本不知道应该推进什么、怎样推进。我想许多人应该都有类似的经历。

有时候，我们想要进行归纳总结，避免大家讨论的内容过于发散，但是大家根本不按照我们的思路来。实际上，很多会议容易陷入胶着的局面，就是因为每个人都由着自己的性子，想说什么就说什么，丝毫没有向着形成决议的方向前进的意思。针对这种情况，我有一种使用白板的有效方法，供各位读者参考。

有哪些使用白板的诀窍?

在别人发言后几秒内就开始在白板上进行记录

我们应当先认真介绍自己提出的方案,然后根据情况决定是否使用提前准备好的资料。针对对方提出的问题,我们要一个不漏地回答。

在进入讨论环节后,我们应尽可能将每个人的发言内容如实地记录在白板上,要注意省略"嗯""那个"之类的口头禅。

在记录发言内容时,我们应该在别人发言后几秒内开始做记录,而不是等一个人的发言全部结束后才开始做记录,这一点至关重要。因为如果不这样做,我们往往就会跟不上别人发言的节奏。这个要求看似很难实现,但只要我们养成习惯就不会有任何问题了。

万一我们实在跟不上对方的节奏,那可以试着打断对方说:"对不起,请您稍等一下,我刚才没跟上您的节奏。"从我个人的经验来看,这么做是完全没有问题的。如果我们跟不上对方的节奏还不打断对方的话,等对方全部说完之后再记录对方说的话,那是很难完全正确记录对方说的内容的。如果大家的发言都比较长，表达的条理也不是很清晰，那么就算是完整记录下来，我们可能也不知道对方到底说了些什么、想要表达什么意思，这种情况极为常见。

即使面对这种情况，当对方发现我们近乎实时地记录下了他的全部发言时，他也会感到安心，甚至还会针对记录的内容追加部分解释说明。

还有一些人一旦讲起话来，就变得口若悬河，根本停不下来。但是当他看到我们在白板上准确、完整地记录了他的发言后，就会尽量缩短发言时间，避免拖得太长。这是因为他在看到记录后会觉得自己想要表达的内容已经讲完了，所以可以结束自己的发言。

当然，有些人还是会滔滔不绝地继续讲下去，还有些人会通过举例的方式将自己发言的内容展开。针对这些行为，会议的主持人应该毫不犹豫地坚决制止。就我个人的经验而言，这么做是不会有任何问题的。在常规会议中，虽然这种毫无意义的发言会浪费大家的宝贵时间，但是根本没有人会主动提醒发言的人注意时间。与之相比，使用白板进行记录的会议则有自己的优势，可以边记录边引导，因此会议的主持人能够更好地把握节奏，从而轻松推进会议顺利进行。

明确结构层次

在如实记录整个讨论流程的同时，我们还应该明确大标题、中标题以及小标题的结构层次。在进行说明时，绝大多数人都不会注意这一点。因此，我们需要与发言者确认"这部分内容是否属于上一部分内容"，然后进行记录。这样一来，我们可以在与会者面前梳理发言内容，以便大家迅速理解。

此外，当发言的内容不易理解时，我们不要犹豫不决，可以直接向对方提问，用简洁的语言重新总结。这种做法通常不仅不会引起对方的不满，反而会获得对方的理解，对方往往会做出更为精准的说明。

如果按照发言顺序在白板上进行记录，可能会出现现实流程与既定顺序存在偏差的情况。因此，我经常会采用下述记录方法进行处理：①将刚才记录的内容复制到下面；②删除刚才记录的内容；③在删除的空白中插入后续发言内容。这就是所谓"手动复制和粘贴"。在一次会议中，我们可能需要多次使用这一方法调整记录的顺序，因为这样更易于大家理解发言的内容。

总而言之，在使用白板记录时，我们应该明确发言内容的结构层次，正确使用"手动复制和粘贴"，尽量将难读的字和容易出错的部分写清楚。这种记录方法可以确保讨论顺利进行，不发生混乱，并且形成的会议记录也更加清晰易懂。

第 3 章
引导：牵引对方按照我们的想法行动

使用白板主导会议高效推进的方法

在使用白板的会议中，我们可以与发言者直接沟通，现场对照发言内容，确认是否正确记录了发言者想要表达的意思。这样一来，发言者往往会感到非常满意。因为这种做法会令他们觉得竟然有人这么认真地在白板上记录自己的发言，他们往往没有这种经历。

一旦会议的气氛变得热烈起来，大家发言的欲望也会更加强烈，甚至会出现我们还在记录前一个发言者的发言内容就有人接着发言的情况。这时，我们应该保持冷静，用温和的言语劝阻对方，让他等到我们完成记录并让发言者确认发言记录后再开始发言。这样的处理方法是非常稳妥的，不会出现什么问题。当遇到想要发表长篇大论的人时，在稍听片刻后，我们就可以直接打断他说："不好意思，关于您提出的问题，我应该怎样归纳要点才好呢？"这样可以委婉地要求他精简自己的发言。

贸然打断对方的发言本来是非常不礼貌的行为。但是在使用白板的情况下，打断对方的发言就相对不那么突兀了。这是因为对方想要表达的意思都已经明确地展示在白板上了。由于不会给其他人造成困扰，因此我们可以毫无负担地打断对方的发言。

当存在两个相互对立的观点时，我们应该同时记录两种观点，并尽量促成提出意见的双方互相理解。 我们可以在白板右半边的空白处，纵向列出A方案和B方案，并在右侧记录其主要内容和优点。在此基础上，明确四五项评分标准（如对社会的贡献、对公司的益处、可行性、实施风险等），并进行评估。

我们可以根据相应的评估标准，按照下述五个等级对不同的方案进行评估，总分最高者为最终方案。

5：非常高；

4：高；

3：正常水平；

2：低；

1：非常低。

这种方法非常简单，但确实是对方案进行比较的最佳选择。明确评价标准、量化对应分数，并在此基础上进行评估，可以大幅降低事后再次扯皮的概率。当会场出现混乱时，我们不需要过多考虑，可以直接大声提醒与会者注意会议秩序。这绝不是失礼的行为，而是会议主持人维持会场秩序的必要措施，具有非常重要的意义。

如果没有会议主持人或者缺少由会议主持人主导会议走向的文化，那就太令人遗憾了。如果我们可以把握机会，乘势而为，就能从此改变开会的方式。与以往的会议相比，使用白板的会议在推进会议的方法上有很大不同，尤其是会议主持人可以发挥强势的主导作用。在这种情况下，最为关键的诀窍是会议主持人亲自使用白板进行记录。

会议主持人不是将白板交给部下或其他人负责，而是亲自站

第 3 章
引导：牵引对方按照我们的想法行动

在白板前，引导会议向着自己预期的方向发展。这是一个能够充分展现领袖气质的绝佳机会。因此，会议主持人决不能轻易将在白板上进行记录的工作交给别人。实际上，引导会议发展方向的难度非常高，如果会议主持人将其交给自己的下属负责，那么往往难以取得理想的效果。

每次参加会议时，我都喜欢坐在距离白板最近的位置。这是因为当开始讨论或者会议局面变得错综复杂时，我就能很快起身站在白板前，对会议内容进行梳理并引导会议的走向。

此外，规范细致的白板内容还可以作为会议记录使用。在打印会议记录时，我们需要注意字号大小和页面设计等，确保阅读时直观清晰。如果我们使用四五厘米高的字，那就可以在白板上记录相当体量的讨论内容。因此，在打印会议记录时，我们要避免字号过小。会议记录的大部分文字可以使用黑色，在需要关注的重点文字下可以加红线，或者将重点文字设置为红色。

就我个人的习惯来说，180厘米宽的白板用起来最为方便。如果我们能和会议的主办方取得联系，最好请他们提前帮助准备。因为在这种宽度的白板上，左侧可以列出"现在面临的问题"，右侧可以提出"今后的解决方法"，这样可以简洁直观地向与会者进行说明，加深他们对问题的理解。

与白板配套使用的马克笔也是非常重要的，如果出现书写不流畅、颜色太浅导致不易识别等问题，就会严重影响会议记录的效果。因此，我一般都是自带马克笔参加会议的。我每次都会准备一红一黑两支可补液的马克笔，我有时甚至还会带上补液用的墨囊，确保马克笔在使用过程中不会断液。作为职场人士，我们必须注意细节，提前做好细致的准备。在白板的下半部分进行记录时，如果我们坐在椅子上，书写的速度会更快，效果也更好。椅子最好是下面带转轮、可以前后左右自由移动的那种，这样使用起来很方便。对于这一点，我也非常重视。只要能向会议主办方提出需求，我就一定会要求对方提前帮我做好准备。

在使用英语开会时，白板同样可以发挥重要作用

在使用英语开会的情况下，白板能够发挥更大的作用。这是因为在使用英语的会议中，每个人都有长时间反复强调自己观点的倾向，无论是母语为英语的人还是母语非英语的人都不例外。在这种场合，日本人几乎都是默不作声的。

在这种场合，大家都愿意发表长篇大论，即使对于别人已经说过的观点，也会反复论述。我认为，出现这种现象的原因是在用英语开会时，大家往往会尊重发言者，不会轻易打断别人的发言，因此会浪费大量时间。

即使像麦肯锡这样会聚了咨询行业精英的公司，在召开内部会议时，母语非英语的咨询专家在白板上写的字也是极为潦草的，读起来非常困难，几乎没有经过认真梳理就被记录下来了。

写上以后被擦掉然后又写，这种擦擦写写的情况频繁发生，

甚至会导致难以形成会议记录。当然，有人会通过其他途径形成准确的会议记录，但这些记录只不过是停留在文字表面的内容。因此，如果我们能按照上文介绍的方法充分发挥白板的作用，即使母语不是英语的人也能轻松地引导会议的走向。

灵活运用白板的训练

无论是谁在最开始使用白板时都会感到困惑，不知该如何下手，自己想写的内容最终可能连一半都写不出来。由于练习是必要且有效的，**因此我推荐大家从平时开始准备，与朋友、同事合作，充分运用下述方法，进行白板实操训练。**

假设我们所在的部门有12个人，我们可以按照以下方法进行白板实操训练。

在会议室的三个角落各设置1块白板（180厘米宽），然后将12个人分为3组，每组4人，使用白板召开会议。

每组从3块白板中选择1块作为训练用板，并选出1人扮演会议主持人，由他站在白板前，引导大家讨论并进行记录。其他3人将椅子搬到白板前，集中落座。

各个小组的会议主持人在白板的左上角记录会议的主题（比如"将会议时间压缩一半"等），然后在主题的正下方左侧列出"问题和课题"，在右侧列出"解决方法"并在重点内容的下方加直线。

3个小组同时召开以"将会议时间压缩一半"为目标的会议。在会议主持人的引导下，3名与会成员先后围绕问题发言，会议主持人将发言内容记录在白板上。在3分钟时间里，与会人员可以提出许多建议。然后，大家围绕解决方法分别发言，并记录在白板上，时间也是3分钟。这样一来，在总计6分钟时间里，我们就可以汇总很多创意和想法，足够令人感到惊讶。

会议主持人可以一边听取发言，一边进行记录，要注意把握时间节点，要在对方开始发言后几秒内就开始记录，而不是等发言结束后才开始记录。

在6分钟后，所有人集中到第一块白板的周围，请在这块白板前开会的小组的会议主持人和1名与会人员发表感想和意见。这样可以搜集到许多不同的意见，比如"原原本本地记录发言内容的工作量太大了""完全跟不上对方的发言速度""真没想到竟然都记下来了""由于记录了发言内容，因此让对方产生了我在认真倾听的感觉"。

然后，所有人再集中在第二块白板前，请在这块白板前开会的小组的会议主持人和1名与会人员发表意见和感想。最后，所有人聚到第三块白板前，请在这块白板前开会的小组的会议主持人和1名与会人员发表意见和感想。

这样在每块白板前各用2分钟先后分享3个团队的意见和感想，虽然总共只有短短的6分钟，却可以发现许多问题。

之后，请所有人归位，回到房间的三个角落，并轮换各小组的会议主持人，进入第二轮训练。通过同样的形式推进，再轮换主持人，这样循环往复至第四轮结束。

如果每轮都更换讨论主题，那就可以充分了解不同主题的难度,从而学到更多知识。

比如:
第一轮讨论的主题为"将会议时间压缩至一半";
第二轮讨论的主题为"将文件的数量减少至三分之一";
第三轮讨论的主题为"将工作速度提升一倍";
第四轮讨论的主题为"打破公司内部的壁垒"。

每轮都有6分钟讨论的时间和6分钟发表意见及感想的时间,共计12分钟,这样实施四轮就需要48分钟。虽然总时间不到1小时,却可以显著提升运用白板的技巧,因为全部12名人员都轮流扮演过一次会议主持人和三次团队成员。因此,大家通过四轮训练可以发现许多问题,并积累大量经验。即使自己只能担任一次会议主持人,也有三次现场见证其他人扮演主持人的机会,自己在会议中还要不断发言。通过这种训练,大家可以逐渐适应使用白板开会的形式。

如果在一周和两周之后,分别利用1小时时间,改变分组,针对8个不同的主题进行白板实操训练,团队成员就可以积累一定的经验。

如何在线上会议中进行引导？

为什么线上会议要比线下会议更难引导会议方向？

随着技术发展，很多企业习惯召开线上会议。**引导线上会议方向的难度远高于线下会议，因此学习引导线上会议方向的技巧变得越来越重要了。**

在线上会议引导会议方向的难度远高于线下会议的理由包括下述内容：

①难以看清对方的表情和姿态。

②难以看着对方的眼睛发言，因为画面和摄像头的位置偏差较大。

③许多时候听不清对方的声音，经常发生麦克风连接错误的情况。

④由于跟不上对方的节奏，容易导致发言内容重复雷同，应特别注意。

⑤难以把握对方准备结束谈话的时间，导致交流中断，出现停顿（无法实现无缝交流）。

⑥经常出现声音延迟的问题。

⑦经常出现声音和画面不同步的问题。

⑧经常出现周围杂音过大,影响视听效果的问题。

⑨难以及时在白板上记录并共享讨论内容。

⑩无法使用手势、动作等肢体语言,只能通过口头语言和面部表情表达自己的想法和认真的态度。

⑪许多人还不习惯参加线上会议,因此感到紧张。

⑫由于必须时刻紧盯着屏幕,因此容易疲劳,导致难以聚焦于重点内容。

⑬与会者容易溜号,如果会议内容与自己关系不大,就有人转而去做其他事情。

⑭在线上会议结束后无法通过聚餐加深感情,甚至连深入沟通和交流都难以实现。

我们无法从根本上解决这些问题,只能采取有针对性的措施进行应对。

可能许多人并没有将这些问题当成真正的问题,但是它们确实会影响线上会议的效果,并增加了引导会议发展方向的难度。为了顺利推动工作进展,取得自己预期的理想结果,我们必须充分注意、高度重视这些问题。

当去餐厅用餐时,如果我们看到餐具上留有污渍,或者红酒杯

没有刷干净，肯定会感到万分厌恶。我觉得上述问题与这种情况是类似的。

提升线上会议的质量

想要提升线上会议的质量，我们应该注意以下七点：

①尽可能在没有杂音的独立房间中参加线上会议

如果在开放式办公室的角落或咖啡馆参加线上会议，那么周围人说话的声音或音乐很可能会被传到线上会议中，从而影响会议质量。由于我们自己的注意力集中在耳机传来的声音上，因此根本不会注意到这个问题。但是，对于身处安静环境的其他与会者而言，线上会议的杂音听起来往往会让人感到心烦意乱。此外，虽然我们的态度非常认真，但在这种嘈杂的环境中参加线上会议会给人一种不严谨的印象，令别人觉得我们可能在开会时还在做其他事情。

②发言时注意把握节奏，适当降低语速，清晰表达观点

有些在线下会议中效果非常好的表达方式，在线上会议中使用就很难取得好的效果。对方有时根本听不清我们在讲什么。在这种情况下，对方往往希望听到我们适当降低语速，清晰地表达自己的观点。

③**发言时声音洪亮，保持相对稳定的音量**

在线下会议中，我们可以轻声细语，也可以大声表达，这些方式都能起到一定的效果。但是，在线上会议中，设定声音的强度是非常重要的，如果我们的声音太小容易导致对方听不清关键事项，但如果我们的声音太大又可能吓到对方。因此，我们最好不要轻易改变自己的音量。

④**在说话时，尽可能看着摄像头**

在参加线上会议时，我们在说话的时候应当尽量看着摄像头。如果不这样做，我们就无法给对方一种对视的感觉，从而影响发言的说服力。在许多时候，只有我们与对方进行充分的眼神交流，才能实现心灵层面的沟通，比如需要征得对方同意时、有事拜托对方时、希望对方改进工作方式时或者反馈人事评价时。有时，为了调动自己的情绪，我们在发言时会凝视对方在屏幕上的眼睛，从而激发自己的表达欲望。但是，受摄像头的影响，一旦我们这么做，反而无法与对方进行眼神交流，还可能给对方留下眼神飘忽不定的印象。因此，在交流时，我们要格外注意，坚持看着摄像头说话。

⑤**尽量在屏幕的侧面放置光源并打开**

我们应当尽量在屏幕的侧面放置光源并打开。如果不这样做，我们在屏幕中显示出来的样子往往会给人一种脸色昏暗的感觉，看起来不太健康。在线下会议中，我们不必在意这一点。但是在线上会议中，我们应该特别注意。

⑥ 在准备交流时，要有意识地点对方的名字

在线上会议中，人们往往难以集中精力，因此很难营造出良好的交流氛围，会议的效果也会大打折扣。在线下会谈中，直接点对方的名字就非常有效；在线上会议中，直接点对方的名字就更加重要了。

⑦ 要有意识地花时间提前确认彼此观点的分歧之处

无论是在意识到彼此的观点存在分歧的基础上进行讨论，还是搁置争议求同存异，只要明确了双方之间存在分歧，再想慢慢缩小差距就会变得非常困难。因此，虽然会花费一些时间，但我们还是要有意识地提前进行确认，并努力弥合彼此观点的分歧之处，这一点至关重要。

当然，线上会议也有独特的优势。比如线上会议的时间相对灵活，可以选择从早晨开始开会，也可以一直开到深夜。再比如线上会议不受地理距离的限制，可以与距离自己很远的人直接建立联系。因此，我们需要灵活运用，充分发挥其优势。

我们应该综合权衡线上会议的优缺点，灵活选择。在特殊情况的时候，遇到重要事项，我们最好还是选择召开线下会议。

理解落实时对照检查的清单

□ 满怀诚意地认真回答对方希望了解的情况。

□ 切忌用反问回应提问、切忌不懂装懂、切忌试图驳倒对方。

□ 不要执着于说服对方,而要争取对方的理解;要换位思考激发共鸣,而不是尝试驳倒对方。

□ 要顾及对方的情绪,一定要摒弃以自我为中心的思维方式。

□ 尽量使用白板,熟练掌握作为会议主持人的技巧。

推荐的A4纸笔记标题范例

・怎样才能做到不慌不忙地倾听对方的发言?

・怎样才能避免再犯不懂装懂的错误?

・怎样才能快速回答对方的问题?

・怎样才能尽量避免以自我为中心的言行?

・怎样使用白板才能强有力地引导会议的方向?

第 4 章

跟进：运用所有能用到的方式及时落实沟通成果

因为没有跟进而功亏一篑

"跟进"是指**"使用所有方法，完成自己力所能及的事情，然后坚持跟踪，确保计划落地见效"**，同时"在事情进展不顺时及时止损，避免勉为其难，构建良好关系，为下次合作做好铺垫"。即使提前做足准备，中间积极引导，沟通过程顺畅，初步达成合作意向，我们也要注意及时跟进，直至沟通成果落地，这一点至关重要。如果不这样做，那么我们可能会浪费之前打开的大好局面，最终导致竹篮打水一场空。

没有什么事情是一蹴而就的。如果我们不继续努力，而是等待成果自动产生，那么往往会有各种意外情况发生。我们要时刻提醒自己，事情没有那么简单，天上是不会掉馅饼的。关于跟进的方法，我将在下文中向大家介绍。

有效的跟进方法

① 在达成一致后，立即发送确认邮件

在达成一致后，我们要在短时间内向对方发送确认邮件，这一点非常重要。这项工作最晚要在会谈结束后两个小时以内完成。如果不及时向对方发送确认邮件，可能会遭到对方误解，觉得我们缺乏诚意,这种情况是经常发生的。这是因为会谈后发送的确认邮件,往往更能吸引对方的关注。有些人在结束会谈后想着要发确认邮件,但一忙起来就忘了,这很可能会造成严重的后果,那就非常令人遗憾了。如果现场有介绍人,那么在会谈结束后,我们也要向他发感谢邮件。这样可以在一定程度上避免出现会谈的另一方先和介绍人联络的情况。

②在达成一致后数日内,发送确认邮件

当然,在达成一致的当天就发送邮件可能会给人一种操之过急的感觉,也许会令对方觉得我们的意图太过明显或者给人一种强烈的压迫感。在有些时候,我们可以有意识地掌控节奏,在达成一致后稍等几天,再发送确认邮件。

③在达成一致后,主动与对方的团队成员接触,确认进展情况

无论在什么情况下,在达成一致后,我们都需要主动与对方的团队成员接触,确认进展情况。因为即使双方完全达成一致,我们也不能奢望对方一定会主动推进成果落地。如果不及时施加一定的压力,对方也许就不会积极推进沟通成果落地的工作。为了了解谁才是真正的负责人,并深入探讨推进成果落地的方法,我们需要确认进展情况。

④ **在达成一致后，拜托能够影响对方的外部人员，替我们向对方传话**

在许多情况下，在与对方达成一致后，我们还需要主动与外部人员接触，请求他们的帮助，或者拜托他们从中斡旋，替我们向对方传话。在这种情况下，如果我们能先向这些外部人员表明自己的想法，往往可以推动沟通成果落地。因此，我希望大家尽可能试着运用这种方法。我们借此可以向对方表明自己的态度和诚意。

⑤ **在达成一致后，针对对方公司内的部门领导和团队成员举办情况介绍会**

即使与对方公司的高层管理者达成一致，我们也有必要深化对方公司内的部门领导和团队成员对于沟通成果的理解和认识。我们不能指望对方公司的高层管理者主动落实沟通协调工作，而应该主动提议面向对方公司的部门领导和团队成员召开情况介绍会，协调日程、计划，力争尽早落实沟通成果。这样才会取得理想的效果。由于对方公司的高层管理者工作繁忙，因此我们应当尽全力与对方公司的具体负责人协调沟通，这样才能顺利推动沟通成果落地。如果我们不尽力争取早日安排，那么耽误的时间可能不是几周，而是三四个月，从而影响沟通成果整体落地的进度。

⑥在达成一致后的数周内再次会面,继续推动对方落实

即使与对方公司的高层管理者达成了一致,具体负责人也未必会迅速落实沟通成果。因此,在数周之内,我们还需要再次与对方会面,继续推动对方落实。这就像督促那些不听话的孩子一样,我们要不厌其烦地持续跟进,不实现目标誓不罢休。唯有如此,我们才能将沟通成果真正落地。

能否实现目标的关键在于自身

看到这里，肯定会有读者感到疑惑：既然已经与对方公司的高层管理者商定好了，为什么我们还要为了推动沟通成果落地做这些细致的工作呢？因为对方可能会认为双方已经达成一致，后面就要看我们自己的努力了，所以如果我们不主动推进，事情往往是不会取得进展的。

有人之所以会感到疑惑，可能是因为他对组织的运作方式缺乏深入理解，也可能是因为他推动工作进展的愿望并不强烈。

我们应当假设自己几乎无法改变对方的行为和意识。我们绝不能有光是动动嘴就能推动工作顺利开展的幼稚想法。我们只要用心观察就会发现：无论是自己所在公司的老总还是自己熟悉的公司的老总，即使老总亲自下达命令，董事、部门负责人、科长和员工往往也不会马上行动。除了极少数企业的老总具有卓越的领导力，并且组织经过千锤百炼后执行力特别强，其他企业几乎都是如此。

真正造成工作难以推动的瓶颈并不在于发现不了实现目标的跟进方法，而在于对工作事项应当如何落实的理解不充分、洞察力不足和解决问题的积极性不高。即使大体知道应该如何解决问题，有些人也会产生畏难情绪，觉得"就算自己知道该怎么做，也不想做到那种程度""真是太麻烦了"。

为了解决这种思想上存在的问题,我们需要激发对方内在的热情。此外,我们还要充分理解带动整个组织行动起来的难度。**能否推动工作顺利开展,在相当大的程度上要取决于自身的努力。**

充分了解利害关系,全力打动对方

为了打动对方,我们需要提前了解对方公司内部的利害关系,因为利害关系不同,可能会对已经与对方公司的高层管理层达成一致的事项的具体落实工作产生不同影响,出现事项难以落实或者具体执行人员不想落实相关事项的局面。有时,针对我们提出的需求,对方公司的高层管理层是能够产生共鸣并希望给予我们协助的。但是,对方公司的某个部门可能与我们存在竞争关系。这样一来,即使对方公司的高层管理者想要接受我们的提案,但囿于现实阻力,我们的提案是难以实现的。针对这种情况,如果我们认真思考,提前了解利害关系,有时是可以有效规避阻碍因素的。

比如即使我们在某些领域与对方存在竞争关系,但在物流领域是可以开展合作的,因此可以忽略彼此之间的分歧,充分享受合作带来的好处。在这种情况下,双方的关系是极有可能缓和的。此外,即使双方存在竞争关系,但只要有共同的竞争对手,那么双方就存在合作的可能性。如果能尽到最大努力,就可以提出许多可行的方案,比如先合作一段时间看看情况或者将竞争对手的竞争对手转化为合作伙伴等。

充分了解对方公司内部的利害关系,力争化敌为友,这对于双

方的合作至关重要。

为了充分了解对方公司内部的利害关系，我们可以采用下述方法：

①查询与对方公司、经营者、主要产品和技术等相关的信息，将重要的关键词收藏起来，以便经常查阅。

②查询对方公司前任经营者和顾问的发言等信息，认真研究，深入理解。

③结交对方公司的关键人物，定期与之交换信息。

④结交竞争对手的关键人物，在适当的条件下与之交换信息。

⑤结交业内优秀的分析师，定期与之交换信息。

如果我们面对的是重要对象和重要谈判，那就必须做到这么细致的程度才行。无论是市场营销、业务合作、投资、融资还是并购，都不能例外。

需要做好主动与对方交好的准备

即使与我们达成了一致,但是对方往往会感到心里没底,有时甚至会觉得惴惴不安。为了打消对方的顾虑,我们需要做好主动与对方结交的准备。

这绝对不是无事献殷勤,而是因为无论多么优秀的人都有考虑不到那么细致的时候或者无暇顾及的事情。通过提前与对方交朋友,我们可以让气氛缓和下来,令对方放下戒心,有利于我们充分阐述自己的愿景,避免不必要的谈判,并让我们能够根据自己所处的情况灵活采取应对措施。

如果对方能够认可我们细致入微、积极配合的态度,**那么双方的立场就会发生转变,我们从求人办事变成给对方提供帮助。**这是具有重要意义的,立场的转变并不是一件普通的事情。如果对方是值得信任的人,那么他绝不会忘记这种帮助,必将对我们投桃报李。在条件允许的情况下,我建议大家尽最大努力按照这种方法与对方构建关系。即使对方并没有积极回馈,我们也不用太在意,而应选择遗忘,将这当成是看透一个人本质的宝贵经历。换句话说,我们要做到"持续付出",而不是"互相妥协"。这样往往会取得意想不到的效果,我们也许能够得到很好的回报。

要坚持高标准，甚至令人怀疑："真的有必要做到那种程度吗？"

通过上文，我想大家都已经明白，在双方经过交流达成一致后，我们还需要继续努力，坚持做好自己能想到的所有事情，甚至令人怀疑："真的有必要做到那种程度吗？"如果继续思考，我们还会想到许多值得进一步跟进的事情。

坚持不懈的努力可以产生巨大的价值。我们要保持耐心，就像"打地鼠"游戏一样，出现一个问题就解决一个问题，直至解决所有问题。我们无法预知未来，能否以这种姿态面对问题并积极努力地解决问题，将决定我们最终能有多大概率取得成功。如果我们能做到这种程度，那么就能产生巨大的价值，并且剩下的事情也会变得轻松起来。到了这个阶段，我们不需要过度勉强自己，也不需要承受太大的压力，只需要自然而然地坚持就可以向着目标顺利前进。

如果非要说有什么事情需要注意，那就是要注意"过犹不及"。即使自己付出了许多努力，我们也不能产生希望对方报恩的想法，更不能向其他人吹嘘、炫耀。有时，一句多余的话可能会葬送完成度已经为99%的事情。无论什么时候，我们都应该保持谦虚谨慎的姿态，扎实推动工作顺利开展。

不要觉得丢面子，应该积极努力

即使跟进到这种程度，我们仍然可能会被对方轻视，让我们觉得自己既可笑又卑微。当迟迟见不到成果或者不断遭到自己身边的人批评时，我们很容易产生这种感觉。

"为什么明明是对方的责任，自己却要不断付出，甚至还要做对方部下的工作……"如果我们产生了这种想法，那就很容易怀疑"自己到底在干什么""为什么必须付出这么多努力"。我非常理解这种心情。不过，<u>如果我们回头看看自己最初的目的是什么就会感到释然了，也就不那么难过了</u>。因为我们最初想做的就是请人帮忙或向人提出建议，力争得到对方的认可，最终取得对自己和对方而言有利的结果。

这就是一切。如果想做到最好，我们只有拼尽全力，积极做好每一件事。准备、引导、跟进，这是再自然不过的，没有什么丢面子的事情。

之所以有人会觉得自己丢面子，多半是因为"希望别人高看自己一眼的虚荣心"和"缺乏自信导致的患得患失的心态"。

存在"希望别人高看自己一眼的虚荣心"是因为有人觉得不在别人面前表现出高高在上的姿态，就无法摆脱心理阴影，也无法消除自己曾经被轻视的尴尬记忆。然而，是否尴尬并不是绝对的，这只不过是自己一直对此感到纠结并将其视为耻辱经历累积形成的结果。实际上，其他人往往根本不知道我们的尴尬经历。我的人生中也有许多这样的记忆，比如在小学五年级、初中一年级、22岁时经历的不愉快事情。因此，我对这一点是深有体会的，也更容易理解。

存在"缺乏自信导致的患得患失的心态"则是因为有人过分关注怎样做才能令自己看起来更了不起，觉得这才是自己当前最应该做的事情。然而，不管他多么关注这些事情都是没有任何意义的，因为只有朝着目标努力才能不断前进。

当然，积极争取别人与自己一起努力推动工作进展也不是完全不可能的。在与对方达成一致后积极沟通协调、带动对方公司的合作伙伴一起努力，这些都是推进具体工作的重要措施。我们不能只是说一句"请您帮我处理一下"，就将工作全权交给别人去完成。因此，自己亲自推动工作进展往往会更加顺利。

持续跟进，营造出对方不得不动起来的氛围

为了带动对方采取具体的行动，我们**需要持续跟进，营造出对方不得不采取行动的氛围**，这样做是非常有效的。

在玩抓人游戏时，如果我们能将对方逼到角落，就容易抓到对方。如果周围的空间太大，我们想要抓到对方就要下很大的功夫。紧逼对方，迫使他们必须采取行动或者只能选择向我们这边靠拢，都是非常有效的。在沟通过程中，我们与其僵化地思考，**不如抱着玩游戏的心态思考。这样可以减轻我们的压力，带来意想不到的效果。**

抱着玩游戏的心态认真推动工作进展

①要尽最大努力，但也要尽可能放松心态

我们最好以放松的心态应对工作。如果压力太大，我们就容易丧失思考的灵活性，根本无法机动灵活地考虑"他来这一手的话，自己应该这样应对""自己从这里开始入手，对方会有什么反应"。这么做不是偷懒或者有选择地放弃，而是让自己在尽最大努力时尽量减轻压力、放松身心。

②经常思考、探索应该抓哪里、怎么抓才能进入良性循环

无论是谈判、玩游戏还是运动比赛,进入良性循环的一方往往能赢得最终的胜利。良性循环是指自己采取的措施不断发挥作用,出现顺风顺水的良好局面。因此,我们最先采取的措施就成了基础,这样后续措施才会变得更为有效。我们应该从大局出发,在不断观察形势变化的同时,思考、探索应该抓哪里、怎么抓才能进入良性循环。我们不仅要应对当前的问题,还要从中发现事物的发展趋势,为推动后续工作顺利开展奠定基础。

③尽可能提前准备、占据先机

我们应该提前着手准备,推动对方向着我们期望的方向行动。这样就可以避免慌忙应对,从而有充分的时间采取措施。

④抱着明知不可为而为之的心态,积极应对挑战

如果我们总是采取最保守的措施求稳,那么很可能会输掉本来应该能够赢下来的比赛。就算最终的结果可能是失败,我们也要积极尝试,在没有太大影响的范围内一决胜负,这一点非常重要。以足球比赛为例,在某些情况下,采用通过假动作过掉对方然后长驱直入或者直接长传冲吊打对方身后之类的有一定风险的战术、打法是非常必要的。

⑤ **如果结果不理想，就要及时调整心态"下次再战"**

胜败乃兵家常事。只要不是致命的、无法挽回的失败，我们就应当重整旗鼓，力求在下一次对决时赢得胜利。不少国家的顶级足球联赛，每年都要通过数十轮比赛来决定最终的冠军。那些善于调整心态、在输掉比赛后能及时恢复状态并坚持到底的队伍往往是最终的赢家。

总而言之，我们**在认真对待挑战的同时，还应该及时调整心态、放松心情，以自然的姿态积极应对。**拥有平和心态的人往往是最终的赢家。

理解落实时对照检查的清单

☐ 在达成一致后，要动用所有的手段跟进，直至目标实现为止。

☐ 充分了解对方公司内部的利害关系，下功夫研究解决问题的方法。

☐ 坚持做好自己所能想到的所有事情，甚至令人怀疑："真的有必要做到那种程度吗？"

☐ 不要觉得丢面子，应该积极努力。

☐ 持续跟进，营造出对方不得不动起来的氛围。

推荐的A4纸笔记标题范例

·怎样才能激发出动用所有手段跟进的意愿呢？

·怎样才能洞察对方组织的动向呢？

·怎样才能撰写出契合对方情况的严谨细致的邮件呢？

·怎样才能思考周全，甚至让自己都认为不需要细致到这种程度呢？

·怎样才能做好思想准备，避免产生丢面子的想法呢？

·怎样才能营造出对方不得不动起来的氛围呢？

第 5 章

因为有自己的思想，所以才能激发共鸣

在沟通时，要拥有独立的思想

前文主要介绍了与"沟通方式"相关的内容。但是，实际上，**拥有独立的思想才是"打动人心的沟通方式"的出发点**。如果我们能拥有独立的思想，即使沟通方式存在不足，我们也能在一定程度上打动对方。我们可以从下面三个方面着手，培养自己独立的思想。

从平时做起，努力培养独立思考的能力

从日本出国之后，有一点令我感到非常惊讶，那就是不管学历和年龄如何，很多地方的人都敢于按照自己的想法发言。虽然存在习惯和文化差异的原因，但在近距离直观感受之后，我还是对他们能够直截了当地发言感到无比钦佩，心里觉得自己绝对不能输给他们。然而，现实是残酷的，在当今的日本，人们觉得"自己还是少思考、少说话为好，发言本身非常麻烦，容易给自己带来问题"的风气正在蔓延。在工作场合和朋友面前，许多人不愿意表达自己的真实想法，觉得按照自己的想法发言是非常尴尬的，从而产生抗拒心理。

遇到不懂的词语不要置之不理

为了"培养独立的思想",我们还需要注意:当遇到自己不懂的词语时,我们应该迅速利用各种工具查询其含义,并浏览相关新闻。不管遇到什么事情,只要能养成良好的习惯,在自己关注之后,立即查询相关信息并认真阅读,那么我们就能建立足够的自信。这是因为在看到不懂的词语后,我们没有置之不理,等到查清楚后,心情会感到无比畅快。久而久之,我们就会养成独立思考的习惯,从而形成自己的思想。

比如DX(数字化转型)、地球温室效应、太阳能发电、纯电动汽车(EV)、特斯拉、地方创生①(Place Making)、众筹、瑜伽、老龄化社会、上门护理、碳水化合物减肥②、NiziU③等。在关注到这些词语之后,如果我们立即上网查询相关信息,就可以拓宽自己的知识面。这样一来,我们对世界的了解就会变得越来越深入,我们的求知欲也会变得越来越强。

如果有机会接触超出自己认知范围的事物,人们就会变得非常兴奋。即使这些内容难以在短时间内理解,也会激发人们想要了解事实真相的欲望。这种求知欲会激发出人们的潜能,从而让人们说出自己想要表达的话。这样大家自然就能"拥有独立

---

① 地方创生是日本政府于2014年提出的国家战略和配套政策措施,目的是纠正东京过度一极化、阻止地方人口持续减少、提升全日本经济活力。
② 碳水化合物减肥是指尽量限制饮食中的碳水化合物含量,以达到减脂、减重的作用。
③ NiziU是日本女子演唱组合,NiziU与"Need You(需要你)"发音类似。

的思想"了。

充分发挥谷歌快讯的作用

在浏览了相关新闻后,我们可以充分发挥谷歌快讯(Google Alert)的作用。"谷歌快讯"是谷歌公司提供的一种免费服务。用户可以预先设定关键词和时间(比如每天早晨),然后谷歌公司会在设定好的时间向用户推送过去24小时内含有预设关键词的新闻。人们可以借助谷歌快讯全面掌握信息,从而变得越来越自信。这对于"培养独立的思想"具有重要作用。

通过读书提升认知的现实路径

在拥有独立的思想之后,最重要的事情就是读书。通过读书,我们可以了解许多知识,从而提升自己的认知。**通过读书,我们只需要花费极少的费用和时间,就可以学到自己一个人无法经历、无法思考、无法了解的宝贵知识。可以说,书籍是真正的魔法权杖。**我从上小学的时候就开始痴迷于读书,从中受益良多。

在麦肯锡工作的14年间,为了不掉队、持续成长进步、向客户提供最有价值的服务,我一直保持着拼命读书的习惯。最近,我对一些之前没有涉猎过的领域产生了浓厚的兴趣,开始读全新类型的小说,关于蒙古的历史、文明发展历程与西欧文化以及进化心理学等方面的书籍。

我要由衷地感谢读书带给我的一切。读书既是我的兴趣爱好,也是我塑造人格的重要手段,更是我工作中不可或缺的宝贵财富。但是,在现实生活中,有很多人不擅长读书,这一点是非常令人遗憾的。

我认为,有些人不擅长读书的原因主要可以归结为以下四点:

①阅读速度太慢,导致读书变成了一种负担;

②平时太忙,抽不出时间读书;

③理解能力差,即使读了一遍也不知道书中要讲的内容到底是什么;

④找不到自己想要读的书。

我非常理解大家面临这些问题时的感受。

虽然经常有人向我咨询应当如何提升读书能力,但或许读书是个人的事情,不管我提供什么建议,他们往往拿不出具体的改进措施。这是非常可惜的。在这里,我想给大家提供四条关于提升读书能力的建议,希望与大家共勉。如果我们不再觉得读书是件困难的事,那么我们的人生就会因此发生改变。请各位读者一定要积极尝试一下。

①提高阅读速度

只要有意识地积极锻炼,无论是谁都能将阅读速度提高数倍。在读大学的时候,我经常会记录自己平均每小时的阅读字数,并以之为标准拼命提高自己的阅读速度。经过不懈努力,我最终可以在1小时左右的时间内读完约200页的经营管理类书籍。虽然我并不觉得这个速度有多快,但我确实不会因为读书而感到痛苦。

有一点需要特别注意，那就是在读书时，应该默读，不要发出声音。如果在心中发出声音地读书，阅读速度是很难提升的。不擅长读书的人面临的最大瓶颈或许就在于此。为了克服这一问题，我们需要提升自己的能力，确保只要用眼睛看一遍文字，就能读懂意思。

举个例子，如果我们在心中发出声音地读书，那么在读到"不要在心中发出声音地读书"时，我们实际上会一个字接着一个字地读"bù yào zài xīn zhōng fā chū shēng yīn de dú shū"。与之相对，如果我们在心中默默地读书，只是看一遍文字就了解整个意思，能在瞬间就领会"不要在心中发出声音地读书"的真正意思。做不好这一点的人一定要注意体会专心致志地阅读或者必须迅速完成阅读时的感觉，只要把握住诀窍，就会感到茅塞顿开。因此，大家务必重视这种经验。如果能改掉在心中发出声音地阅读的习惯，那么就可以将读书的速度提高数倍了。

②确保阅读时间

除了出于兴趣之外，我们还需要确保为了工作和成长进步而读书的时间，这一点至关重要。我经常会听到身边的人抱怨自己太忙导致没有时间读书，我也曾饱受这个问题的困扰。平时，我们必须处理好眼前的工作，而对于自己工作和成长进步而言不可或缺的书籍又数量众多。我们常常面临分身乏术的局面。

对于我而言，解决这个问题的方法是给自己规定每个月至少读10本书。我会在每个月的月初和月末拼命地读书，我也会在每年的年初和年末拼命赶进度，每年都确保自己读完120—150本书。这就需要分配好集中读书的时间，我在这些时间内不去理会工作的事情。如果不这样给自己规定好，那就不可能有效解决"明明有工作必须完成，却跑去读书了"和"被工作压得喘不过来气，总也没有时间去读应该读的书"的问题。

总而言之，我觉得大家应该将读书放在至关重要的位置，将其视为自己工作的一部分或者帮助自己成长进步的重要措施，确保自己留出充分的时间阅读。

③通过一次阅读充分理解书的精髓

在现实生活中，人们总结出了许多读书方法，比如书至少应该读两遍、最好边读书边做笔记、可以只读重点内容等。

为了拥有独立的思维，我推荐大家尝试通过一次阅读就理解书籍精髓的读书方法，具体包括以下五点：

·从头到尾一页不落地一次性读完

如果不这样做，我们就难以体会到读完一本书的成就感。由于成就感与自信密切相关，因此我们应该充分重视。我觉得只挑重点内容阅读的方法看似经济合理，实际上却容易遗漏一些细节,根本不能算是真正读过一本书。

·使用黄色的马克笔在自己认为重要的部分做标记

我推荐大家尽可能多地买书,并且使用黄色的马克笔在自己认为重要的部分做标记。毋庸置疑,这样做更容易入脑入心。在日本,每本书的售价在1 500日元左右,因此每个月买4本书只需要大概6 000日元,买10本书也不过需要大概15 000日元。为了工作顺利开展,也为了自己成长进步,大家一定不要犹豫,应该果断地多买书来阅读。

·如果想到了什么,就直接写在书上

即使只是一点儿心得体会,我们也要直接写在书上。这样就会留下深刻的印象。这也是一种练习归纳能力的方法。因此,我特别推荐大家在书上写下自己思想的火花。

·不要做笔记

我刚刚步入社会的时候,一度有边读书边做笔记的习惯。但是这种做法极为耗时,最终可能导致自己丧失读书的兴趣,因此我决定不再做笔记。因为使用黄色的马克笔标记重点内容容易留下深刻的印象,也不会耗费多少时间,所以我推荐大家使用这种方法加深记忆。

・同一本书最好不要读第二遍

好书要反复地读，这是古今中外关于读书的普遍认识。但是，值得读的书实在是太多了，我们实际上几乎没有时间把书再读一遍。此外，只要想到还会认真地读第二遍，有些人就会产生松懈心理，因此我认为还是下定决心只读一遍就充分理解比较好。这样一来，我们就会充分地珍惜与书一生只相遇一次的机会，认真地领悟其中的真谛。

是否选择电子书要看个人的喜好。我还是喜欢纸质书籍，因为纸质书籍更容易画线，也可以在上面标记，读过的书还能丰富自己的书柜，确实更容易令人产生成就感。虽然总有人说书太多没有地方放，但这并不是无法解决的问题。我们可以趁着等公交车或地铁的时候读电子书，用以打发时间。

④发现自己应该读的书

在现实生活中，书的数量实在是太多了，我想肯定有人会面临不知道应该如何发现自己应该读的书的难题。

在我们因为工作原因开始进入新领域的时候，我们可以从各种社交软件上达人推荐的书单入手，认真阅读他们推荐的书籍，可能会少走一些弯路。

一本书中可能会介绍同领域的其他书，这些信息非常重要。无论什么人或多或少都有自己关心的领域、内容和主题。如果顺着这个方向来找书，我们可能会有许多意外的收获。如果我们在线上书店用关键词进行检索，就会找到大量相关书籍的信息。我经常会去线下书店逛逛，但是为了能够迅速买到达人推荐的书籍，我也会在线上书店下单购买。

　　我希望大家抱着就算上当也不会有多少损失的心态，搜索自己关注的领域的书籍，并设法买到手读一读，就算是漫画也无所谓。我也出版过两本漫画书《图解！麦肯锡式逻辑思维》《图解！麦肯锡式领导论》，颇受读者好评，累计销量超过了18万册。

　　我把《灌篮高手》（全31卷）看了十多遍，每次读完都会泪流满面。在读书之后，与其他人分享自己的感想和意见或者在社交软件上发布动态是非常有用的。特别是在读过书之后与其他人分享，更是绝佳之法，因为这种做法可以帮助我们更快地理解书的内容，厘清思路，形成自己的见解，并做出简明扼要的说明。

从平时开始做起，注重积累信息

上文曾经提到，在正式开始沟通之前，实际上胜负基本已定。因此，"从平时开始做起，注重积累信息"是非常重要的。如果我们从平时开始就尽可能积累相关信息，那么我们说出来的话的说服力就比较强，效果自然也好。==如果具备广泛的知识储备，再加上认真、热情、真诚的态度，我们就可以有效提升自己的人格魅力。==关于与提案内容相关的行业、顾客、竞争对手、技术以及法律法规，对方公司的内部情况、利害关系、价值观、对提案内容的反应等，大家应从平时就认真搜集这些信息。

应该如何利用网络搜集信息？

① 通过相关的关键词进行检索，大量阅读新闻

关于提案内容，我们应该用能想到的所有关键词进行检索，并大量阅读相关新闻。根据我的经验，一般读四五十篇新闻基本就能了解大体的情况了。当然，在个别复杂的情况下，我们可能需要读超过100篇新闻。

比如在对区块链进行研究时，我能够想到的相关关键词包括比特币、以太坊、智能合约、可追溯性、工作量证明、权益证

明、超级账本、物联网等。通过这些关键词进行检索并阅读相关新闻，我们可以了解区块链的大体情况。在新闻内容有价值的情况下，我们可以阅读关联新闻，并使用从中发现的新的关键词再次进行检索，然后阅读更多内容。

②将重要的关键词收藏在谷歌快讯中，并阅读相关新闻

如果我们在谷歌快讯中收藏30—50个关键词，就不会遗漏重要的新闻，从而可以充分搜集相关领域的信息。如果我们能够比上司、前辈和同事更早掌握信息，那么就很可能令人眼前一亮，被委以重任。这样一来，我们就会变得越来越自信，从此可以远离被人诟病"怎么总不爱学习，连这么简单的事情都不知道"的烦恼。==人一旦有了自信，头脑就会变得灵活起来，理解能力也会显著增强，可以从全局出发来看问题。==因此，这样能够进一步培养我们的"独立思考的能力"。

为了充分发挥谷歌快讯的作用，我建议大家做好下述六点：

第一，按照语言设定需要通过谷歌快讯检索的新闻。如果我们想要每天都收到包含wearable（可穿戴的）这个单词的日语和英语新闻，就应该分别收藏这个单词的日语和英语。

第二，在收藏需要检索的关键词时，我们应该选择"显示选项"→"新闻数 所有结果"。如果我们选择了"仅显示最佳结果"，那么就只会收到重要的新闻。

第三，谷歌快讯的关键词设定方式与谷歌的普通检索类似。

如果我们设定的关键词为"A B",那就只能检索到同时包含A和B两个关键词的新闻;如果我们设定的关键词为"A or(或)B",那就能检索到包含A、B两个关键词的所有新闻,从而增加搜索的范围。

第四,有些单词同时有片假名和英语两种表达方式,比如"ウェラブル"(可穿戴的)和"wearable"。如果我们要想每天接收包含这些单词的日语新闻,那么就要使用"ウェラブル or wearable"。

第五,我们可以每天粗略浏览一遍在早晨规定时间(比如预先设定的早晨6时)发来的通知邮件,除了特别关心的主题以外,我们不用打开其他邮件立即删除即可。然后,打开剩余的邮件,点击自己特别感兴趣的新闻标题,在全部处理后总体读一遍。这是因为我们不可能打开或阅读全部邮件,对要读的邮件进行汇总阅读是一种非常高效的阅读方式。

第六,当项目结束之后,我们也可以保留在谷歌快讯中收藏的相关关键词。因为删除关键词也需要花费一定的时间,再加上这些关键词都是自己花费精力认真搜集信息的领域,没有必要特意删除。因此,我建议大家可以将这些收藏的关键词放置在那里,不用急于处理。

③如果有相关的邮件杂志,应该在上面注册,并阅读新闻

相关的邮件杂志中往往记载着宝贵的信息,因此我们需要提

前注册成为邮件杂志的会员。除了与行业领域相关的邮件杂志以外，我还注册了钻石社在线、总裁社在线、东洋经济周刊在线、日经商务电子版等网站的会员。

这些邮件杂志绝大部分都分为免费邮件杂志和面向会员的付费邮件杂志。在付费邮件杂志中，有许多独家的高价值信息，因此我往往会付费阅读。

④ 连接在大屏显示器上阅读

在读新闻时，我们可以将笔记本电脑连接在大屏显示器上，这样比在智能手机和平板电脑上看新闻要舒服得多。在大屏上，我们可以轻松浏览报道全文和相关新闻，能够有效提高阅读速度。在最开始时，我使用的是20英寸④的显示器，后来又分别购置了27英寸的显示器放在办公室和家里。自那以后，我的工作效率得到了飞跃式提升，压力和疲惫感也大幅缓解。

笔记本电脑连接大屏显示器的显示模式有很多种。我推荐使用的显示模式为"仅在显示器上显示"。使用这种方法连接后，笔记本电脑的画面会直接显示在大屏显示器的左上侧，右侧和下侧则保留了很大的工作空间，因此便于开展工作。

---

④　1英寸=0.0254米。

⑤将读过的新闻报道的网址保存在收藏夹内

在读完新闻报道后,我们应该怎样处理呢?

我建议大家在浏览器的收藏夹内按照主题建立文件夹,分类放入读过的新闻报道的网址,并标注日期。这样在下次需要时,我们可以快速调阅,有利于制作方案、资料和进行深入研究。我的浏览器的收藏夹中就设置了数十个文件夹,比如人事、法律、资金筹措、上市相关、创业援助、融资制度、风投管理、市场营销、沟通交流、反应性依恋障碍、心理学、AI、EV、物联网、共享经济等。

其他值得推荐的信息搜集方法

①平时尽可能多参加展览会、讲座、学习会等

我们平时应尽可能多参加相关领域的展览会、讲座和学习会等,最好每个月参加两三次。一般来说,这些会议往往会在大城市举行。不在大城市工作的人可以每年抽出一些时间,趁着前往大城市办事的时机参加自己感兴趣的展览会、讲座和学习会。

自从结束了在韩国首尔的10年外派任务返回日本后,我就养成了每个月参加三四次活动的习惯,到目前为止已经坚持10余年了。从某种意义上说,我这么做的目的是弥补外派期间错过的学习机会。通过参加这些活动,我可以夯实业务基础,不断拓宽知识面,从而建立充分的自信,并切实锻炼自己的表达能力和逻

辑能力。那些难以保证每年到大城市出差两三次的人可以因地制宜，充分发挥当地的资源优势，召集本地志同道合的朋友，策划并举办讲座和学习会。通过这种方式，我们可以广交朋友，拓宽视野，增强自信。

下面，我举例进行说明。比如有人想在日本仙台举办一场关于DX的学习会，那么他可以按照下述步骤进行具体操作：

①阅读100篇以上关于DX的新闻报道，在谷歌快讯中收藏20—30个关键词。

②在读了1个月的新闻报道后，写20—30篇文章，并在社交媒体上发表。

③在脸书上创建"仙台DX学习会"群，每周在上面转发5—6篇质量特别高的报道，同时分享自己写的文章。

④在推特上创建"仙台DX学习会"的账户，与脸书群同步，发布相同内容的报道和文章。

⑤在脸书动态墙上发布同样的内容。

⑥在加入脸书群时，主动介绍自己的情况。

⑦在脸书群成员达到数十人后的1—3个月内，召开"仙台DX学习会"第一次线上研讨会。

⑧以此为契机，举办"仙台DX学习会"第一次线下活动。

⑨将活动内容发布在社交媒体上，并转发至脸书群、推特、脸书动态墙等。

只要不断坚持这样做，就可以取得相当理想的交际效果。

②利用各种形式的集会交换名片，当天发邮件联系，邀请对方一起吃饭

我建议大家尽可能参加展览会的讲解陈述、讲座、学习会和座谈会等集会。在这些集会上，我们可以与讲师、会议组织者、参会嘉宾等积极交流，每次尽量和10—20个人交换名片。我们可以在交换名片的当天郑重地向对方发送问候邮件，并向真正值得结交的人发出共进正餐的邀请。

"郑重的问候邮件"的内容并非"能遇见您是我的荣幸，今后还请多多关照"之类的套话，而是能够打动人心的真诚的发言，比如在发给讲师的邮件中对他讲过的给人留下深刻印象的话发表评论；在发给参会嘉宾的邮件中说明与他谈话时萌生的感想和他让自己印象深刻的地方。

③按照领域积累人脉，培养可以咨询问题的对象

我们可以按照领域积累人脉，培养可以咨询问题的对象，比如了解行业动态、技术发展趋势和客户动向等信息。通过这种方法长期积累，我们可以确保自己有数十人的人脉，随时能够获取对于自己而言重要的领域及其周边领域的相关信息，并得到宝贵的建议。我们可以每年向这些人发送1—2次邮件，还可以在合适的时机邀请他们一起吃饭，以加深友情、深入交流。这也是我们

了解和掌握行业动态、技术发展趋势和客户动向等最新信息的绝佳机会。

保持好奇心

我们能否**将上文介绍的信息搜集方法落到实处并真正发挥作用的关键并不在于付出多少努力，而在于自己是否对相应领域拥有强烈的好奇心。**如果我们拥有好奇心，那就会产生浓厚的兴趣，引导我们带着问题去沟通、查阅资料，并根据相关信息进一步拓展阅读范围。我们在形成初步结论后，可以与人交流，如果遭到质疑和反驳，我们就应当重新思考，进一步深化思考和研究，逐步接近问题的本质。

探索未知事物并在了解真相之后感到喜悦是每个人的天性。大家可能都有过"潜心研究，废寝忘食""通宵达旦读书"的经历。如果有人还没有体验过这种感觉，那么一定要试着去感受一次。在真正体验之后，他肯定会感觉自己向前迈进了一步，干劲儿也会随之喷涌而出。

那么，我们需要怎样做才能保持好奇心呢？

虽然每个人的情况各不相同，但是在大多数情况下，我们都**应该尊重"有了好奇心就努力去探索"和"永不放弃好奇心"的心志。**以我自己为例，我在2014年末开始对人工智能产生兴趣，2016年开始关注区块链，2020年11月开始关注DX，我在相应的时间段内分别用数个月读了上百篇新闻报道，并专程找熟悉相关情况的人请教了许多问题，进行了深入讨论，甚至还专门做了演讲。对我而言，这些并不是我的工作内容，而是兴趣。由此可见，从自己的兴趣和爱好切入，就能不断激发自己的好奇心。

如果只是出于责任感的话，我是无论如何也做不到这种程度的。因此，请大家务必在好奇心的驱使下，不断深化自己的认识。

理解落实时对照检查的清单

☐ 始终坚持自己的想法并不断努力是非常重要的。

☐ 每个月至少读10本书,给自己更多启发。

☐ 始终保持对事物的好奇心,平时多阅读新闻。

☐ 平时注意结交不同领域的朋友,确保随时可以咨询专业问题。

☐ 有了好奇心就努力去探索。

推荐的A4纸笔记标题范例

· 怎样才能始终坚持追求自己的想法呢?

· 怎样才能挤出时间保证自己每个月至少读10本书呢?

· 应该参加哪些展览会、讲座和学习会呢?

· 为了在各种形式的集会上与他人交换名片,我们应该说哪些话呢?

· 怎样才能让自己在更广泛的领域产生更强的好奇心呢?

后 记

推动工作顺利向前发展的三大步骤："准备""引导""跟进"

读到这里,大家感觉如何?

为了推动工作顺利开展,沟通前的准备工作、沟通过程中的引导工作、沟通后的跟进工作都是不可或缺的。如果我们能灵活运用,那么就会取得良好的效果,我希望大家都能理解这一点。

在现实生活中,许多人会出现认识偏差,误以为"自己的沟通方式存在问题,因此导致工作进展不顺""对方就是讨厌自己,无论怎么做都改变不了""对方根本没有认真听自己讲话,自己再怎么努力也没有办法"等,于是干脆选择放弃,从而忽视了存在有效沟通方法的事实。有这样想法的人当然不会再做有意义的尝试和努力。这就像有人用力拉一扇只要轻推一下就能开的门,明明是他用的方法有问题,他却大声抱怨:"怎么打不开呢?!"这真令人感到遗憾。如果我们稍微思考一下推动工作进展的机制,就会发现"准备、引导、跟进"这一流程是多么合理有效、贴合实际。

如果我们按照这种方法与对方沟通,即使没有取得理想的成果,那么也可以坦然面对,告诉自己"既然做了就不要后悔,即使行不通也是没办法的事情，与其抱怨不如多向前看，继续努力"，转而采取其他方法继续尝试。这样一来，我们就会放下压力，继续前进，也许会在不知不觉间实现自己的目标。如果我们能坚持以这种心态做事，那么无论是公事还是私事，往往都会进展顺利。我们也能开心快乐地度过充实的每一天。

欢迎广大读者朋友和我联系，共同分享读完本书之后的感想和疑问，我的邮箱地址为：akaba@b-t-partners.com，我将尽快回复。各位积极尝试新的沟通技巧和工作推进方法的朋友、尝试新的沟通技巧和工作推进方法之后发现进展不顺利的朋友都可以找我咨询，我将竭尽所能和大家分享自己的体会，帮助大家解决问题和心中的疑惑。

请大家在来信时尽可能详细地介绍相关情况，比如在什么情况下做了什么事情、最终结果如何、哪个方面进展顺利、哪个方面遇到问题等。只有大家介绍了详细情况，我才能更有针对性地回复。在此，我再次感谢广大读者朋友的支持和理解！

实际上，通过沟通推动工作顺利开展并没有想象中那么困难。我在脸书群里设立了读者社区，大家只要在里面检索这本书的日文书名就可以搜到相关信息。社区里的讨论非常活跃，因此我真心希望大家加入其中。

此外，在"《零秒思考》赤羽雄二的在线沙龙"中，我们还针对这一课题进行了大量案例研究。

希望掌握新技术、结交新朋友,并勇于接受新挑战的读者,请访问网址:https://community.camp-fire.jp/projects/view/318299,欢迎大家交流互动。

附录1
克服烦闷情绪，客观正视自己的"零秒思考"A4纸笔记法

为了得到对方的认同，进而推动工作顺利开展，我们需要说明自己的愿景，争取得到对方的理解。因此，能否厘清思路，从对方容易理解的角度进行说明，并有效回应对方提出的问题、消除对方的疑虑是至关重要的。

我在拙作《零秒思考》中首次提出的"A4纸笔记法"就是解决这一问题的有效方法。迄今为止，已有数十万人尝试过A4纸笔记法，并切实感受到了这一方法的巨大作用和良好效果。

在现实操作中，这一方法非常简单。

将A4纸横铺在桌面上，然后在A4纸的左上方列出标题，右上方标明日期，正文大概4—6行，每行写20—30个字。这些做法和普通的做笔记的方法没有任何区别。但最关键的是要努力做到1分钟写完1页纸，每天写20页，当脑海中浮现出需要记录的亮点时就立即记下来。

通过这种方法，我们可以将重要的内容都记录在眼前的纸上，比如对方公司内部有哪些利害关系、应该如何说明才能令对方感到满意等。通过仔细观察，我们可以清楚地意识到事情的来龙去脉，并明确自己下一步应该向哪个方向前进。

每天只需要花10—20分钟时间就可以进行A4纸笔记法练习。这不是汇总所有情况，而是想到什么就记录什么，因此完全不会增加负担。

当课题真正明确之后，我们的头脑和心灵就会不停地想办法找出课题的答案，这种动力是超乎大家想象的。人类就是这样不断向前发展进化的。

我们可以换个角度看在A4纸上记笔记的行为，这其实就是将自己大脑中思考的内容全部写下来，展现在自己眼前。因此，我们可以认为：A4纸笔记法能够让我们把模糊的思路全部用文字表达出来。天长日久，我们就可以养成良好的习惯，在短时间内梳理模糊的思路，甚至连应该怎么行动都明确下来了。

最理想的状态是在瞬间完成思考的过程，也就是所谓"零秒思考"。

与梳理模糊的思路不同，要想推动工作的进展，我们就需要做到始终客观地正视自己。不仅如此，我们还要提前了解自己在多大程度上以自我为中心、有多少人能与自己产生共鸣。"零秒思考"的A4纸笔记法可以在短时间内解决这一问题，特别是"从多个角度进行记录"，可以让我们客观地审视自己平时没有意识到的或者无法向他人表达的内心的真正想法，从而加快个人成长的脚步。

附录2
理解对方的状况和心情，通过积极倾听获得对方的信任

在与人交流时，展现认真倾听对方谈话的姿态是非常重要的。如果我们不认真倾听对方说话，就无法了解对方想要什么、面临什么问题、我们应该怎样做。但是，许多人往往不愿意听对方说什么，全凭自己的想法与对方进行沟通，结果只是浪费自己的时间和精力，对方根本没有听进去。即使对方看似在听，实际上只不过是"左耳进右耳出"而已，不会和我们确认沟通的要点，更不会进行深入思考，提出有价值的问题。

积极倾听是指"认真倾听对方说话"，也就是在积极附和对方的同时，始终紧盯对方的眼睛，以认真而关切的姿态，倾听对方说话。除非我们有其他的考虑或者想要尽早结束谈话，否则我们应该在沟通过程中坚持这种态度。

要想做到积极倾听，有两个诀窍：

首先是认真倾听，力求100%理解对方所讲的内容。我们不能老老实实地坐在那里静静地听对方说话，而是要将自己的关注点放在说话的人身上，完全跟上对方说话的节奏。我们需要注意对方讲的每一句话，并集中精力倾听，力争逐字逐句地记录下来，这是非常关键的。这种一句话也不想听漏的专注力会给对方留下很好的印象。一看到我们认真的态度，对方自然就会想要提出问题或者和我们确认某些情况。与漫不经心地听对方说话相比，这种做法在理解对方表达的内容的深度和深化与对方的关系方面会有非常好的效果。

其次是在认真倾听时，边记录边思考不明白的地方和想要深入了解的地方，一旦想到了需要确认的地方，不用有任何顾忌，直接向对方提问。

虽然"过多提问"并不是理想的选择，但"不提问导致理解不充分"是更为严重的问题。

提问之所以重要，是因为几乎没有人能在发言时，从一开始就恰到好处地完整表达自己的观点。许多人都存在词汇量不足或者表述不清晰的问题。自己本身难以深入理解对方表述的内容，对方也不愿意和我们交流，这就会导致许多原本可以讲清楚的事情草草收尾。如果不提问，我们就很难触及问题的本质，也就难以了解真正重要的事情。当事人也许根本没有关注重点内容或者只是触及了皮毛，无法深入了解情况，有时甚至会出现无意识避开重点内容的情况。

请大家不要在提问方面有顾虑，不带特殊目的的真诚提问不会存在任何问题。通过我们的提问，对方往往也会想起许多有价值的线索，可能会说"感谢你提了这么多问题，给了我许多灵感，令我想起了不少自己忽视的事情""听你这么一说，确实有那么回事""再仔细回想一下的话，确实是这么回事"等。

拥有如此惊艳效果的积极倾听绝不是看上去那么简单就能做到的。如果我们对沟通对象或主题缺乏兴趣，那就根本无法认真听下去。

当然，听的样子也是能刻意装出来的。在现实生活中，肯定有人会认为只要装作认真的样子，边听边点头附和，即便脑袋里想着其他事情，只要不漏出破绽就行。但人的感觉是非常敏锐的，即使有人装作认真听的样子也很难完全骗过对方。实际上，对方已经看透了这些人的真实想法，知道他们并没有认真倾听。在这种情况下，就算有人为了蒙混过关而刻意提问，也很难用心思考，更没有认真理解、深入思考的压力，效果自然大打折扣。

那么，我们究竟应该怎么办呢？

答案只有一个，那就是抱着真正关心对方的态度与对方沟通，这样就可以向对方表明自己的诚意了。如果我们真的想加深自己对对方说的内容的理解，就会不断提出切中要害的问题。在这种情况下，我们就会逐渐提出这种情况究竟是怎么回事、自己应该怎么办之类的经过深入思考想出的问题。只有这样，我们才能让对方明白我们内心的感受，从而获得对方的信任，并让对方充满热情地和我们充分交流。

如果能像这样充分理解并积极倾听，我们就可以在肯定对方的同时，自然地倾听对方说话。这样，我们在自己取得进步的基础上，还能结交许多朋友，拓展自己的交际圈。引导对方说出真实想法的自信、得到对方积极回应的成就感、从别处无法获取的充满智慧的观点、对认真倾听自己说话的人投桃报李的处世哲学等，都是推动我们成长进步的重要因素。